Albert Gasser

Mit Philosophen und Theologen denken und glauben

T V Z

Albert Gasser

Mit Philosophen und Theologen denken und glauben

Annäherungen an die Gottesfrage

EDITION **N Z N**
BEI **T V Z**
Theologischer Verlag Zürich

Der Theologische Verlag Zürich wird vom Bundesamt für Kultur mit einem Strukturbeitrag für die Jahre 2016–2018 unterstützt.

Bibliografische Information der Deutschen Nationalbibliothek
Die Deutsche Bibliothek verzeichnet diese Publikation in der Deutschen Nationalbibliografie; detaillierte bibliografische Daten sind im Internet über http://dnb.d-nb.de abrufbar.

Umschlaggestaltung: Simone Ackermann, Zürich
unter Verwendung eines Aquarellmotivs von Albert Mantel, Winterthur
Druck: ROSCH-BUCH Druckerei GmbH, Scheßlitz

ISBN: 978-3-290-20116-6

© 2017 Theologischer Verlag Zürich
www.edition-nzn.ch

Inhalt

Einstieg

Fordert das Thema Gott die Menschen von heute verbreitet heraus? Gibt es so etwas wie ein ernsthaftes Grübeln, eine Sehnsucht danach? Wo finde ich Zeitgenossen, die von der *Gottesfrage* hierzulande, in unseren europäischen Breitengraden umgetrieben werden? In unseren landläufigen Gottesdiensten und Predigten geht man stillschweigend von der Existenz Gottes aus. Das ist auch logisch, weil das Ganze nur vom Gottesglauben aus Sinn zu machen scheint. Aber es existieren auch unter Liturgen, Theologen und Seelsorgern nicht nur um Nuancen verschiedene Gottesvorstellungen, geschweige denn unter den Kirchgängern. Kurz, die Gottesfrage an sich wird in den Gottesdiensten kaum je gestellt. Der Gottesglaube, welcher Art auch immer, gilt als vorausgesetzt. Jeder kann sich dabei seine eigenen Gedanken machen oder auch keine. Es gedeiht ein munteres Auswahlchristentum, in der katholischen Kirche nicht weniger als in andern christlichen Kirchen oder Religionsgemeinschaften, das keineswegs bloss konfessionelle Elemente aus bestehenden Angeboten auf den eigenen Bedarf hin pflückt. Da bleibt auch Gott nicht ausgespart.

Wie Umfragen ergeben, nehmen unter der Schweizer Bevölkerung Kirchenbindung sowieso, aber auch Religiosität generell und Gottesglaube massiv ab, scheinen zu erodieren. Von der Aussagekraft und Treffsicherheit solcher Momentaufnahmen soll man sich zwar nicht überwältigen lassen. Es lässt sich aber auch nicht wegdiskutieren, dass *Agnostizismus* im Trend liegt. Ein gewaltiger Verdunstungsprozess ist in unserer Zeit im Gange. Es geht nicht um einzelne Fragen oder um konfessionelle Spezialitäten. Das ist Schnee von gestern. Es geht schlichtweg ums Ganze. Die nach wie vor an Weihnachten und Ostern vollen Kirchen lassen sich nicht einfach als innere Zugehörigkeit und Glaubensbekenntnis interpretieren. Auch die fast rituell vorgebrachte Unterscheidung von Stadt und Land ergibt nichts mehr. Die ganze Schweiz ist bis auf wenige Ausnahmen in Sachen Mentalität, Anspruch auf Lebensqualität und Bereitschaft sich zu binden oder nicht zu binden, ebenso was die Einstellung zu Religion und Kirche betrifft, durchs Band urbanisiert. Wer amtlich und seelsorgerlich in der katholischen Kirche tätig ist, trifft auf dieselbe Skepsis und die gleichen Vorbehalte, in Zürich oder im bündnerischen Seitental Lugnez, geschweige denn in der Zentralschweiz.

Die folgenden Gedanken und Überlegungen sind ein persönliches Zeugnis, das ausgewählte Ergebnisse aus der Geschichte der Philosophie und der Theologie und auch der Geschichte generell wiedergibt. Also alles andere als der Versuch einer umfassenden Darstellung. Als Theologe und Priester war ich als Lehrer für Kirchengeschichte, aber auch als Seelsorger im Pfarramt und in der Psychiatrie mit unzähligen Menschen im Gespräch. Unabhängig von meiner beruflichen Forderung trieb mich die Gottesfrage jedoch ganz persönlich um. Sie lässt mich nicht los, und so versteht sich dieser Beitrag auch als ureigene Rückbesinnung, oder, ich wage es zu sagen, auch als Rückversicherung. Wohlverstanden, Gesichertes gibt es in unserem Leben nicht, aber das Verlangen nach innerem Halt und das Vertrauen auf eine Zusicherung verleiht Zuversicht.

Ich verzichte in diesem Aufsatz auf die traditionelle schulmässige Unterscheidung von Philosophie und Theologie. Ich nehme auch das Alte und das Neue Testament primär als denkerische Erzeugnisse ohne stringente theologische Überhöhung. Trotzdem sind die hier ausgebreiteten Reflexionen ohne die eigene christliche Prägung undenkbar und enthalten ein Bekenntnis zu Jesus von Nazaret.

Auf diesem kleinen Raum kann es nicht darum gehen, der Gottesfrage und der Gottesvorstellung in den verschiedenen Philosophien und Weltreligionen nachzugehen oder esoterische Erfahrungen ins Blickfeld einzubeziehen. Als Adressaten stelle ich mir Menschen vor, die in unserer abendländisch geprägten christlichen und speziell katholischen Kirchlichkeit sozialisiert worden sind und ihre Grösse und Grenze erfahren haben. Ob sie darin blieben oder ausgezogen sind, ist für die folgenden Gedankengänge nicht von Belang.

Kirchenkrise – Gotteskrise

Das **Zweite Vatikanische Konzil (1962–1965)** beschäftigte sich mit einer binnenkirchlichen Reformarbeit. Die Gottesfrage stand nicht auf der Traktandenliste. Nur am Rande wurde der Atheismus thematisiert. Es galt Kirche über alles, offen und weltfreundlich wie noch nie, und man war zuversichtlich für die Zukunft. Aber wie auf einer riesigen kirchlichen Spielwiese tummelte man sich weitgehend unter sich, wenn auch in Sachen Ökumene und nichtchristliche Religionen – aus einleuchtenden Gründen vorrangig an die Adresse des Judentums – freundliche Signale ausgesendet wurden. Da war nicht mehr von Ketzern und Schismatikern die Rede. Es wurde auch in ethischen Themen nicht moralisiert, höchstens ermahnt und noch mehr ermuntert. Das war schon viel und neu. Innerkirchlich wehte bereits unmittelbar nach Ankündigung des Konzils ein Geist des Aufbruchs zu neuen Ufern. Ein auf weite Strecken erlebtes euphorisches kirchliches Wir-Gefühl, wie es vorher nie und nachher nicht mehr in der katholischen Kirche anzutreffen war. Dieser *Geist des Konzils* war ausserhalb des Konzilsgeschehens noch mehr spürbar als in der Konzilsaula selbst. Das, was man einfach *das Konzil* nennt, bestand aus Ereignis und Emotion. Die Beratungen und die Konzilstexte zeigen auch Verständnis für Glaubensschwierigkeiten. Das sensationellste Ergebnis der Konzilsdebatten war das «Dekret über die Religionsfreiheit», unmittelbar vor Konzilsschluss beschlossen. Das war eine Drehung um 180 Grad in der Kirchengeschichte. Die Würde der Person und des Gewissens wog in einem hochoffiziellen Dokument der katholischen Kirche plötzlich mehr als die Frage von Wahrheit und Irrtum. Ein wirklich historisches Ereignis. Es wurden keine neuen Dogmen proklamiert. Verdammt wurde ebenfalls niemand, weder einzelne Menschen noch Mächte oder Strömungen. Das war die einzige Vorgabe des **Papstes Johannes XXIII.** (**1958–1963**), der den Mut hatte, gegen alle Widerstände der römischen Kurie, das Konzil einzuberufen. Soweit so gut. Man gab sich zukunftsoptimistisch einer geradezu narzisstischen Kirchenverliebtheit hin. Interne Spannungen wurden durch angestrengte Harmonieformulierungen überspielt. Und gewisse Themen durften auf höheren Befehl gar nicht erst angegangen werden, was sich alsbald bitter rächen sollte. **Papst Paul VI.** (**1963–1978**), der zwar zunehmend selbst zu den Bremsern gehörte, war auch wieder hellhörig genug und Realist. Es dämmerte ihm gegen Ende des Konzils, dass die Frage nach Gott die Zukunft der Kirche entscheidend bedrängen und auch erschüttern könnte, und er gab speziell dem Jesuitenorden den Auftrag, sich gezielt des Atheismus anzunehmen.

Seither ist die katholische Kirche nicht mehr aus der Krise und den negativen Schlagzeilen geraten. Dies hängt natürlich damit zusammen, dass sie sich permanent sehr sichtbar und fernsehtauglich präsentiert und mit allgemein verbindlichen Ansprüchen zu Wort und zum Widerspruch meldet.

Es gibt auch historische Ursachen. Da ist der immense und darum immer auch Respekt abfordernde Zeitraum ihrer Geschichte. Ohne jetzt allzu tief in der Vergangenheit zu graben, wollen wir doch einigen Elementen nachgehen, die gerade für unser philosophisches Nachfragen von Nutzen sind. In den ersten Jahrhunderten hat sich die junge Christenheit, die **Alte Kirche**, recht unbefangen der zeitgenössischen *Philosophie im römisch-hellenistischen Kulturraum* geöffnet. Sie hat Einsichten und Wortschatz übernommen, liess viel von geistiger Substanz in die christlichen Gefässe einfliessen, wenn es um das Gottesverständnis und die denkerische Beschäftigung mit der Person Jesu Christi ging. Es war das Bemühen, einfühlsam und vermittelnd die Botschaft nicht zuletzt auch in intellektuelle Kreise hinüberzubringen. Dazwischen hat man sich auch wieder klar von Geistesprodukten aus der hellenistisch-philosophischen Küche distanziert, wenn die eigene Position und das spezifische Glaubenszeugnis in Gefahr kamen.

Im **Hochmittelalter** war man in akademischen Kreisen offen für philosophische Strömungen, auch wenn sie nicht aus christlichen Gefilden stammten. Auch ist die Kirche im Mittelalter selbstverständlich auf die gesellschaftlichen und politischen Gegebenheiten eingegangen. Während in der Antike die christlichen Gemeinden auf etablierte politische Strukturen trafen, entstanden im Frühmittelalter die christliche Mission und die politischen Herrschaftsformen parallel. Sie wuchsen wie Zwillinge auf und vermischten sich. Ein signifikantes Beispiel: Es war so, dass der König und Kaiser und andere Fürsten sehr oft Bischöfe und Äbte oder dass Kirchenstifter und Grossgrundbesitzer

Pfarrer einsetzten. Diese *Laieninvestur* brachte natürlich Schwierigkeiten mit sich. Schlecht war diese vielfach nicht. Sie blieb ambivalent. **Kaiser Heinrich III.** (1039–1056), der sich selber als *Gesalbter des Herrn* verstand, rettete das Papsttum aus dem Sumpf römischer Sippenkämpfe und setzte Päpste ab und ein. Alles in allem: Man schlug sich und vertrug sich. Man fand zu wechselhaften, meist labilen Übereinkünften.

Diese grundsätzliche Bereitschaft, mit der vorgegebenen Realität zu kommunizieren und sich in Pflicht nehmen zu lassen, änderte sich in der katholischen Kirche abrupt erst in der Zeit der *Aufklärung im 18. Jahrhundert.* Unter dem Schock der Reformation wehrte man vehement den uneingeschränkten Einsatz der Vernunft und die daraus gewonnene Autonomie des Menschen ab. Das ist umso mehr auch erstaunlich, als die katholische Tradition der Vernunft neben dem Glauben viel mehr Wert und Eigenständigkeit zugebilligt hatte, als dies in den Reformationskirchen der Fall war. Es gehört zu den katholischen Fundamentalüberzeugungen, dass es eine *natürliche Gotteserkenntnis*, einen philosophischen Zugang zu Gott gibt. Die Reformatoren propagierten grundsätzlich allein den Glauben, lehnten die traditionelle Universitätsphilosophie vor allem in den sich bekämpfenden spätmittelalterlichen Schulmeinungen ab. Luther wetterte gegen die «Hure Vernunft», die er aber auf dem *Reichstag in Worms im Jahr 1521* gekonnt ins Spiel brachte. Die Philosophie hingegen, die von **Kant** und dem *Deutschen Idealismus* ausging, lehnte man katholischerseits offiziell mit einer Fundamentalopposition ab. Kant wurde in katholischen philosophischen Handbüchern ins

Kleingedruckte verwiesen. Ausnahmen bestätigen die Regel. Ein Benediktinerpater des Klosters Engelberg studierte ganz unbefangen die Schriften Kants und präsentierte sie zusammengefasst um 1800 in einer Publikation neben den wesentlichen Punkten der christlichen Glaubenslehre. Das war in dieser Art ein Unicum. Allerdings gab es auch eine *katholische Aufklärung*, die Vernunft und Glauben von Neuem miteinander versöhnen und ihr Verhältnis fruchtbar gestalten wollte, ferner die Kirchenreform befürwortete, vor allem eine Ausbildung des Klerus, die den Anforderungen der Zeit gerecht würde und auf die Bedürfnisse der Menschen einginge. Ein bedeutender Vertreter dieser Anliegen im deutschsprachigen Raum war **Johann Michael Sailer (1751–1832)**, Pastoraltheologe und schliesslich Bischof von Regensburg. Er wurde in den frühen Jahren seiner akademischen Laufbahn ins kirchliche Exil verbannt, und auch nach seinem Tod nagte die Inquisition an seinem Lebenswerk. Während **Ludwig van Beethoven (1750–1827)** die «Missa solemnis» komponierte, stand er in Kontakt mit Sailer. Ein weiterer wichtiger Name, eng mit der Deutschschweiz verbunden, war der Generalvikar des Bistums Konstanz, **Ignaz Heinrich von Wessenberg (1774–1860)**, der die Liturgiereform des Zweiten Vatikanischen Konzils und kirchenpolitischen Postulate der Nachkonzilszeit vorwegnahm und sich auch als sozialer Kirchenmann hervortat. Er war in der römischen Kurie verhasst, und nicht zuletzt wegen seines grossen Einflusses zerstörte Rom 1821 das uralte Bistum Konstanz, worauf die deutsche Schweiz kirchlich strukturell neu gegliedert werden musste.

Es wurde versäumt, auf die zweifellose Herausforderung der geistigen Bewegung im Gefolge der Aufklärung einzugehen. Man hätte selbst einiges zu bieten gehabt. Da wurde eine grosse Chance vertan. Es war auch ein Mangel an kirchlichem Selbstvertrauen und in die Kraft dessen, was man als Kirche an Originellem hätte ausrichten können. In der Folgezeit haben die Verteidiger des Glaubens aber selbst mit den Waffen des Gegners gefochten, indem sie die Vernünftigkeit des Glaubens ängstlich angestrengt verfochten. Es entwickelte sich eine Art Hassliebe. Lehramt und Lehrschreiben verdammten den Rationalismus, bevorzugten es aber, innerhalb des vorgegebenen theologisch-dogmatischen Rahmens rational zu debattieren. Offen zeigte man sich kirchlicherseits eher für technische Erfindungen. **Papst Pius IX.** (1846–1878) war der erste Papst, der fotografiert wurde. Nun verstanden die Päpste dieses Propagandamittel gewinnbringend einzusetzen. Das Papstbild fand den Weg auch in die einfachen Pfarrhäuser, was dem Papst eine permanente Präsenz verlieh und seinen Einfluss steigerte. Die Fotografie und später das bewegte Bild wussten auch die gekrönten Häupter zu nutzen. Dokumentaraufnahmen in der freien Natur oder auf der Jagd machten beispielsweise den österreichischen **Kaiser Franz Joseph I.** (1848–1916) volkstümlich. Elektrisches Licht und Telefon erfreuten **Papst Leo XIII.** (1878–1903). Darob geriet er ins Schwärmen. Und es war ausgerechnet ein Papst gewesen, **Gregor XIII.** (1572–1585), der die überfällige Kalenderreform nach streng astronomischen Kriterien einführte, indem er auf den 4. Oktober 1582 unmittelbar den 15. Oktober folgen liess – eine Massnahme, die vorerst in den katholischen

Territorien angenommen wurde, bis sie sich allmählich auch in nicht-katholischen Gebieten durchsetzte, zuletzt im kommunistischen China 1949. Es war der einzige Entscheid eines Papstes, der weltweit angenommen wurde. (Umso unverständlicher war die groteske Verurteilung des **Galileo Galilei** (**1564–1642**) durch die römische Inquisition im Jahr 1633 und damit des heliozentrischen Systems, erarbeitet von **Nikolaus Kopernikus** (**1473–1543**), der nebenbei Kanoniker war. Zur Ehrenrettung sei vermerkt, dass der damalige Papst und diverse Kardinäle dem Galilei-Prozess skeptisch gegenüberstanden.)

Ganz ablehnend verfuhr man mit der *Französischen Revolution* und schüttete das Kind mit dem Bad aus. Auch die bessere Tochter der Revolution, die *Demokratie*, verbunden mit den *Menschenrechten* fand in der Papstkirche keine Chance. Es brauchte die politischen Exzesse, Kriege und Völkermorde der ersten Hälfte des 20. Jahrhunderts, um diesbezüglich zur Vernunft zu kommen und die Demokratie endlich vorbehaltlos als politische Lebensform anzuerkennen. Das von der katholischen Soziallehre hoch gelobte *Subsidiaritätsprinzip* empfahl man inständig nur im wirtschaftlichen und sozialen Bereich zur Eindämmung kapitalistischer Auswüchse. Unter Subsidiarität versteht man das Konzept, dass die kleineren Gemeinschaften und Betriebe eigenständig ihr Wohl bestimmen können, ohne von einer zentralen Gewalt daran gehindert oder von ihr übergangen zu werden. Die obere Instanz soll nur begleitend und unterstützend zur Verfügung stehen. Im Subsidiaritätsprinzip ist logischerweise ganz zentral die Mitbestimmung eingeschlossen. Angestrebt wird die Hilfe zur Selbsthilfe. Das

Subsidiaritätsprinzip wurde als katholisches Juwel angepriesen. Obwohl das Zweite Vatikanische Konzil grossmehrheitlich eine Dezentralisierung der katholischen Kirchenleitung, eine kollegiale Mitregierung befürwortete und eine Aufwertung der Ortskirche, war das Ergebnis in der Folgezeit eine gezielt gesteigerte Zunahme des päpstlichen Zentralismus. Dies war allerdings nur möglich, weil es inzwischen fast nur zahme, zahnlose und kirchenpolitisch profillose Bischöfe gab und gibt, ganz im Unterschied noch zum 19. Jahrhundert. So präsentiert sich der Vatikan wie ein Fossil einer absoluten Herrschaft im demokratischen europäischen Umfeld. In diesem Zwergstaat mit universalem Anspruch gibt es nach wie vor keinen Ansatz von Gewaltentrennung, wie sie bereits der französische Staatstheoretiker **Charles de Secondat** (**Montesquieu, 1689–1755**) gefordert hatte, und damit keine respektvolle Rechtskultur. Das wertvollste Erbe der Aufklärung hat man ausgespart und richtete dagegen Barrieren auf. Demokratische Elemente existieren, zum Teil seit dem Mittelalter, vor allem in Klöstern, in Orden und in anderen religiösen Gemeinschaften, ferner in schweizerischen Kirchgemeinden und Kantonalkirchen sowie in gesamtschweizerischen staatskirchenrechtlichen Gremien. Von Subsidiarität will man in Rom für die Besetzung des Bischofsamtes nichts wissen. Die beispielsweise in den Schweizer Diözesen Basel und St. Gallen noch einigermassen freien Bischofswahlen durch die Domkapitel werden von der römischen Kurie widerwillig geduldet. Die zunehmende Internationalisierung der Kurie hat diesbezüglich keine Öffnung gebracht. In Rom ist man allergisch gegen alles, was nach freien Wahlen aussieht. Dies verrät eine tief sitzende Verachtung des Allgemeinen Priestertums aller Gläubigen. Aber gegenüber harter Politik hat man immer wieder nachgegeben und war zu Kompromissen in Sachen Bischofsernennungen bereit. Vor der Französischen Revolution setzten die Könige Frankreichs Bischöfe ein. Den Forderungen von **Napoleon Bonaparte (1769–1821)** fügte man sich, obwohl man die Revolution in Grund und Boden verdammte. Rom opferte auch die Bischöfe, die man Jahre zuvor zum Widerstand gegen die revolutionären Beschlüsse verpflichtet hatte, was zahlreiche Kleriker ins Martyrium trieb. (Dieses Drama ist die historische Wurzel der *Pius-Bruderschaft*, die dem Zweiten Vatikanischen Konzil vorwirft, mit den Beschlüssen über die Religionsfreiheit, die Kollegialität der Kirchenleitung und den Ökumenismus nachträglich die Postulate der Französischen Revolution

von Freiheit, Gleichheit und Brüderlichkeit übernommen zu haben.) Mit **Charles de Gaulle (1890–1970)** einigte man sich im Vatikan auch auf einen Kompromiss, als es um die Absetzung von Bischöfen ging, die im besetzten Frankreich zwischen 1940 und 1944 mit dem deutschfreundlichen Vichy-Régime kollaboriert hatten. Und schliesslich behielt sich noch Spaniens Staatschef **Francisco Franco (1892–1975)** im Konkordat mit dem Heiligen Stuhl im Jahr 1953 die Bischofsnominierungen vor. Ein weiteres Beispiel in diesem Kontext war das Drama um den Primas von Ungarn und **Kardinal Josef Mindszenty (1892–1975)**, der zur grossen Symbolgestalt im Kampf gegen den Kommunismus wurde. Ein mit Folter verbundener Schauprozess verurteilte ihn 1949 zu lebenslanger Haft, was eine enorme Betroffenheit auch im nichtkatholischen Milieu des freien Westens auslöste. Während des ungarischen Volksaufstandes im Oktober 1956 kam er frei und schliesslich auf die amerikanischen Botschaft in Budapest. **Papst Paul VI.** suchte mit seiner neuen Ostpolitik einen Ausgleich mit den kommunistischen Regierungen und setzte Mindszenty 1974 aus angeblich pastoralen Gründen ab, was auf viel Kritik stiess.

Ausgestanden sind bis heute nicht die Spätfolgen des *Syllabus* vom Jahr 1864 unter **Papst Pius IX.** In einem Bündel von achtzig Sätzen verdammte dieses Papier unterschiedslos praktisch die gesamte Moderne unter dem Stichwort *Liberalismus*, die Ausformungen des Verhältnisses zwischen Kirche und Staat und deren Überschneidungen, die das zivile Leben betrafen, etwa die Ehegesetzgebung. Auch die Geschichtswissenschaft wurde nicht verschont, und es wurde, wenn es um die Kirchengeschichte ging, zum Teil festgelegt, was historische Wahrheit sei. Allerdings ist einschränkend und entlastend anzumerken, dass die Suppe nicht so heiss gegessen wurde. Heisssporne hatten verlangt, den Syllabus tale quale zum Dogma zu erheben. Selbst das **Erste Vatikanische Konzil (1869/70)**, das die nach **John Henry Newman (1801–1890)**, dem englischen Konvertiten und späteren Kardinal, überflüssigen und danach wie ein Kropf am Kirchenkopf lästigen Papstartikel gegen heftige Opposition innerhalb und ausserhalb des Konzils durchboxte, widerstand in der Syllabusfrage den ungestümen Forderungen der theologischen Hardliner. Bei der Ausarbeitung der katholischen Glaubens- und Kirchenlehre des Konzils und der Formulierung der päpstlichen Unfehlbarkeit war massgeblich der **Jesuit Josef Kleutgen (1811–1883)** beteiligt, der 1862 als geistlicher Verantwortlicher in einem Frauenkloster wegen verbotener sexueller Beziehungen und wegen Verletzung des Beichtgeheimnisses von der Inquisition verurteilt worden war.

Nochmals: Es ist keineswegs so, dass die Kirche auf alles hätte einschwenken sollen, sondern sie hätte viel genuin Positives einbringen können, auch ein gesundes Korrektiv, aber sie hat sich leider einer Diskussion auf Augenhöhe verweigert und sich so ins Abseits manövriert. Unter die offiziellen kirchlichen Räder geriet ab der Mitte des 19. Jahrhunderts auch die *Psychologie*, insbesondere die von **Sigmund Freud (1856–1939)**, der mit seiner Bewertung der Sexualität und ihrer Auswirkung auf die Selbstverwirklichung der Menschen den offiziellen kirchlichen Instanzen wie der Ausbruch eines Vulkans mit unbändiger glühender Lava erschien. Um die Wende zum 20. Jahrhundert schoss das römisch-katholische Lehramt unter **Papst Pius X.** (**1903–1914**) noch einmal eine Breitseite gegen alles, was es unter der Bezeichnung *Modernismus* verstand und darunter subsumieren liess. Da wurde eine Psychologie verklagt, die angeblich Offenbarung und Glauben letztlich als seelische Vorgänge erklären wollte. Religion wäre demnach vor allem eine innere Erfahrung und nicht Annahme objektiver Offenbarungswahrheiten. Ferner richtete sich das päpstliche Lehrschreiben offensiv gegen die Vorstellung einer historischen Entwicklung der Glaubenswahrheiten und der dogmatischen Lehrsätze sowie der Kirche in ihrer Struktur und in ihren Leitungsämtern. Eine Auslegung der Bibel, die zwischen Fakten und Interpretationen ausgiebiger unterscheiden wollte, würde dem Relativismus Tür und Tor öffnen. Alle diese als höchst gefährlich eingeschätzten Tendenzen der Gegenwart, die oft gelehrt und menschenfreundlich daherkämen, würden unweigerlich in Agnostizismus abdriften und schliesslich im Atheismus enden. In der Verurteilung dieses Modernismus wurden Konstrukte verurteilt, nicht namentliche Feinde. Der Vatikan liess aber eine gross angelegte, auf Personen zielende und bis ins Detail betriebene, mit üblen Denunziationen verbundene Ketzerjagd von Stapel, wo Papst und führende Kardinäle mit Geheimnamen getarnt wurden. Der Bespitzelung und Verleumdung waren keine Grenzen gesetzt. Ein zeitgenössischer römischer Kardinal stöhnte: «Wenn Jesus wieder käme, würde er wieder gekreuzigt, aber diesmal nicht in Jerusalem, sondern in Rom.» Viele theologische und priesterliche Existenzen wurden moralisch vernichtet, bis der *Ausbruch des Ersten Weltkriegs 1914* und der entspannende Papstwechsel endlich dem ärgsten Spuk ein Ende setzten.

Der desolate Zustand der Kirche ist zur akuten Dauerkrise geworden. Die verbreiteten Vorkommnisse von sexuellem und anderem Missbrauch – beileibe kein solitäres kirchliches Phänomen – hat die Kirchenleitung ins Mark getroffen. Und der teilweise unprofessionelle und verdrängende Umgang damit hat ihr Ansehen und ihre Glaubwürdigkeit weitgehend untergraben. Der die Formen von Erosion annehmende Exodus aus der Kirche und vielleicht noch mehr die oft stillschweigende Verabschiedung von kirchlichen Glaubensinhalten und Verhaltensnormen führt fast logischerweise zur Auseinandersetzung mit Gott, sofern man sich nicht von allem verabschieden will. Vor der Reformation gaben die Reformkreise aus dem Humanismus im 15. Jahrhundert die Parole aus: *Ad fontes*. Gemeint war der Ruf zur Rückbesinnung auf die Quellen der Heiligen Schrift, der Rekurs auf die Bibel, die sie rein und unverfälscht sprudeln lassen wollten, die aber leider verbogen und verstümmelt worden sei von despotischen kirchenrechtlichen Machenschaften und einer seichten Universitätstheologie, die oft lieber die spitzfindige Akrobatik pflegte als die seriöse Beschäftigung mit dem Reformstau in der Kirche auf der Basis der Bibel. So bleibt heutzutage für viele der Appell an Gott, die Rückversicherung auf die einzig noch übrig bleibende Urfrage. Zu einem Befreiungssturm, wo die Bastionen geschleift werden, ist es noch nicht gekommen. Der Marsch auf die Zielgerade in Richtung auf Gott ist bis jetzt ausgeblieben. Viel Aufsehenerregendes und Dramatisches spielt sich nicht ab. Einschränkend ist einzuräumen, dass längst nicht alle Gläubigen weder von der Gottesfrage noch von der Kirchenkrise betroffen sind. Und selbst die Angefochtenen erleben im Alltag auch immer wieder Erbauung im Glauben und stimmige Kirchlichkeit. Aber es lässt sich auch nicht wegdiskutieren, dass kirchlich hoch motivierte Frauen und Männer scharenweise entmutigt und «vergrault» werden. Der Absolutheitsanspruch der Kirchenleitung ist erschüttert und tangiert die Gottesfrage.

So wird es sein und vorderhand auch bleiben, dass die Gottesfrage, für sich gestellt, privat beschäftigt, oder sie wird an Tagungen und Seminare delegiert, wo sich selbstverständlich nicht nur oder gar nicht vordergründig praktizierende Gläubige einfinden. Und auch da wird das Thema vielfach theoretisch und akademisch abgehandelt. Wo sind und bleiben die davon existenziell Betroffenen? Die gibt es schon, und sie kommen vor allem als Flüchtlinge daher, denen die Beheimatung in der Kirche abhanden gekommen ist. Aber es bleiben vorderhand Einzelne, die sich für Kirchenkämpfe mittlerweile nicht mehr interessieren und es satt haben, ihre Kräfte weiter unnütz zu vergeuden. **Papst Franziskus** hat unterdessen gewiss manche unkonventionellen Signale für einen neuen Kirchenstil hinausgeschickt und Hoffnungen geweckt. Ob es aber zu einem veritablen Durchbruch kommen wird, ist sehr fraglich. Allerdings bräuchte der Papst auch klare und effektive Unterstützung. Von den gespaltenen Bischofskonferenzen ist wenig zu erwarten. Der tosende Applaus auf dem Petersplatz genügt nicht. Es reicht auch nicht, wenn viele erwartungsvoll hinhören, was er wieder sagt, und hoffen, es werde allmählich mehr. Trotz allem, des Papstes Worte sind gefallen, und die kann keine Instanz wieder einsammeln – und man müsste ihn vermehrt beim Wort nehmen.

Auffallend ist eine Parallele der jüngsten Geschichte. Als ab 1985 **Michail Gorbatschow** sich anschickte, die kommunistische Partei zu reformieren, was schliesslich zum Kollaps der Sowjetunion und des Weltkommunismus führte, regte sich bei der Führung der von Moskau abhängigen DDR deutlicher Widerstand gegen den neuen Kurs des Kreml. Im offiziellen Ost-Berlin wollte man plötzlich von der Sowjetunion nicht mehr lernen und verbannte sogar russische publizistische Erzeugnisse aus den Verkaufsständen. Analog sind traditionalistische katholische Kreise, die Romtreue und Gehorsam gern auf ihre Fahne schreiben, vom Papst Franziskus irritiert. Der Papst agiert nach ihrem eigenen absoluten Kirchenverständnis plötzlich gefährlich und unberechenbar. Sie rufen zwar nicht offen zum Widerstand auf, werfen aber dem Papst vor, sich unbedarft zu äussern. Das ist schon ein starkes Stück.

Vom Denken und von Denkern

Man kann von einer gewissen Zeitlosigkeit der Gottesfrage reden. Ein Blick in die Geschichte. Es geht nicht darum, auf alle möglichen Gottesvorstellungen in den verschiedenen Kulturen und Zeiträumen einzugehen. Bleiben wir in unseren europäischen Breitengraden. Man schreibt von einer «Aufklärung im Mittelalter» des 13. Jahrhunderts. Die Einführung des Griechen **Aristoteles (384–322 v. Chr.)** zuerst an der Universität Paris war eine kopernikanische Wende in der Philosophie des Mittelalters. Zuvor hatten **Platon (427–347 v. Chr.)** und seine geistigen Nachfahren mehr oder weniger das Sagen. Im berühmten *Höhlengleichnis* führt uns Platon in eine unterirdische Höhle, wo Menschen gefesselt, mit dem Rücken zur Öffnung auf eine Wand starren. Hinter ihrem Rücken steht eine Mauer, auf der sich im Schein eines Feuers Figuren bewegen und ihre Schatten auf die Wand werfen. Die seit ihrer Geburt in diesem Verliess verbannten Menschen halten das Schattenspiel für die einzige Wirklichkeit, weil sie nie etwas anderes gesehen haben. Einem Einzelnen gelingt es, sich zu befreien. Er kehrt sich um, forscht nach, woher die Schattenbilder kommen. Er wird vom Eingangslicht geblendet, gelangt schliesslich ins Freie und entdeckt die farbenfrohe Wirklichkeit und das Licht der Sonne. Nun begibt sich der Befreite, gemeint der Philosoph, in die Höhle zurück, um auch seine

Leidensgenossen zu befreien. Aber die wollen von der neuen Wirklichkeit nichts wissen und lehnen den Boten des Lichtes und der Erkenntnis ab. – Nach dem Griechen Platon besteht die irdische Wirklichkeit in ihrer äusseren Erscheinung aus Schattenbildern geistiger Ideen. Die sichtbaren Gestalten und Figuren unserer Erfahrung sind aus ewigen unabhängigen Formen gegossen. Der Platonismus entpuppte sich als geeignetes Gefäss für theologische Reflexionen. Mit dem Import des Aristotelismus wurde ein veritabler Bruch vollzogen. Eine geistige Sensation und ein Skandal zugleich. Der griechische Heide Aristoteles hält in Westeuropa Einzug. Dazu kam, dass er von der islamischen Geisteswissenschaft vom Orient in den Okzident transferiert wurde.

Aristoteles, nebenbei Erzieher **Alexanders des Grossen** (**356–323 v. Chr.**), der das erste Weltreich gegründet hatte,

ging es darum, die Natur mit geschärften Sinnen zu beobachten und zu erforschen. Der Universalgelehrte und Naturwissenschafter **Albert der Grosse (um 1200–1280)** vertrat als Seelsorger eine psychisch gesunde Religiosität, fern von Bigotterie, und er verhalf der Philosophie des Aristoteles zum Durchbruch. Nach Aristoteles ist die Idee in den irdischen Phänomenen und Lebewesen selbst anwesend. Der Mensch besitzt keine angeborenen Ideen, aber eine angeborene Vernunft, die fähig ist, die Sinneseindrücke zu ordnen und zu systematisieren. Sein Denken war von einem gewissen Materialismus bestimmt. Der «Realist» **Aristoteles** trat neben dem «Idealisten» **Platon** auf. Von der aristotelischen Philosophie herkommend, formulierte **Thomas von Aquin** im 13. Jahrhundert als Grundprinzip «Omnis nostra cognitio a sensu incipit», auf Deutsch: *Jede Erkenntnis beginnt* *mit der sinnlichen Wahrnehmung.* Dies war ein ungeheuer umstürzlerischer Satz. Da drängt sich, was die Wirkung betrifft, eine Analogie mit Kant im 18. Jahrhundert auf. Im Klartext: Selbst die höchste geistige Errungenschaft ist geerdet. Auch der Satz von Thomas: «Omne, quod recipitur in aliquo, recipitur in eo per modum recipientis» (Alles, was von jemand aufgenommen wird, wird von ihm aufgenommen in der Art seiner Aufnahmefähigkeit) liest sich in etwa wie eine kantianische Vorwegnahme.

Ob wir je aristotelische Philosophie studiert haben oder nicht, wir zehren bewusst oder unbewusst von der Hinterlassenschaft des Aristoteles und bewegen uns in dessen intellektuellen Kategorien. Wir teilen den darzulegenden Stoff ein, wir machen Unterteilungen, allenfalls nochmals Unterteilungen. Wir generalisieren und konkretisieren. Wir fragen nach Ursache und Wirkung, nach Sinn und Zweck, trennen Wesentliches von Unwesentlichem, unterscheiden Aktuelles von Möglichem. Dies ist genuin aristotelisches Denken und gestaltet unser gewohntes Überlegen und Handeln.

Und dieser Mann, den der Predigermönch **Thomas von Aquin** (**1225–1274**) einfach den Philosophen nannte, lieferte das natürliche Denkmaterial, die sprachliche Terminologie für einen neuen theologischen Ansatz. Thomas von Aquin unterschied *Glaube* und *Vernunft*. Eine Geisteshaltung, die uns allen vertraut ist, die später letztlich auch den intellektuellen Aufbruch der Aufklärung im 18. Jahrhundert ermöglichte. Das Auseinanderhalten von Vernunft und Glaube (*ratio* und *fides*) wurde der lateinischen westlichen Kirche eingestiftet und später gesellschaftlich in der Trennung des

Politischen vom Religiösen, von Staat und Kirche wirksam. Zur Zeit eines Thomas von Aquin aber sprach und schrieb man nicht von Staat und Kirche, sondern von der *Christianitas* (Christenheit), in der es kirchliche und politische Strukturen gab.

Glaube steht für Thomas höher als Vernunft. Aber die Vernunft ist eigenständig, wenn auch Vernunft und Glaube sich letztlich nicht widersprechen können. Im Rückgriff auf Aristoteles legte Thomas von Aquin fünf «*Gottesbeweise*» vor, die *quinque viae* (fünf Wege), die nicht gleichzusetzen sind mit dem gängigen Verständnis von Beweis, sondern, wie die Bezeichnung *viae* sagt, als wegweisende Erläuterungen zu verstehen sind: Gott sei 1. der unbewegte Erstbeweger, 2. die Erstursache, 3. die notwendige Existenz angesichts zufälliger Existenzweisen, 4. eine Urvollkommenheit inmitten erfahrbarer beschränkter und begrenzter Seinsvollkommenheiten und 5. ein absolut ordnender Geist angesichts der zielstrebigen Organisation auch der vernunftlosen Dinge. Doch auch die damaligen Hörer der Vorlesung des Thomas von Aquin über die «Gottesbeweise» werden davon kaum geistig überwältigt und in die Knie gezwungen worden sein. Denn der Glaube an Gott speist sich aus anderen Vorgaben, nicht aus akademischen Gedankengängen. Das war im Mittelalter nicht anders als heute. Übrigens war Thomas von Aquin bescheiden, was die philosophische und theologische Erkenntnis betrifft. Er betonte, dass wir von Gott mehr wissen, was er nicht ist, als was er ist. Er brachte es wörtlich auf den Punkt: «Das ist das Letzte an menschlicher Erkenntnis über Gott, dass man erkennt, dass man Gott nicht erkennt.»

Mit den sogenannten Gottesbeweisen ist es so eine Sache. Sie werfen niemanden um. Aber man kann es denkerisch nicht lassen. Lange vor Thomas von Aquin hatte der Benediktinerabt und spätere Erzbischof von Canterbury, genannt **Anselm von Canterbury (um 1033–1109)**, sich die intellektuelle Durchdringung des Glaubens zu seinem Herzensanliegen gemacht. Anselm von Canterbury gilt als *Vater der Scholastik*, das heisst, der hochmittelalterlichen Schulphilosophie und Theologie an den beginnenden Universitäten. «Fides quaerens intellectum», übersetzt: *Der Glaube sucht nach einer vernünftigen Erklärung*: Das ist die Devise von Anselm. Glaube und Vernunft müssen miteinander auskommen. Sie sind aufeinander angewiesen. Sie verstehen sich auch gut. Der Glaube ist ein geistiger Vorgang und steht einer vernünftigen Durchdringung nicht im Wege. Im Gegenteil: Dummheit und Uneinsichtigkeit hat nichts mit Glauben zu tun. Glauben ist nicht die Beschäftigung von Denkfaulen. Anselm hat einen rationalen Gottesbeweis vorgelegt, der als *ontologischer Gottesbeweis* viel zu reden gab, viel gerühmt wurde und viele begeisterte, aber auch hart kritisiert, von Kant zerzaust wurde. Er muss doch als Geistesblitz eingeschlagen haben, sonst hätte man sich nicht mit ihm so intensiv abgegeben. So erfreut er sich bis heute grosser Beliebtheit und hat im philosophischen Geschäft seine Anhänger und Befürworter. «Beweis» ist wieder mit Vorsicht zu geniessen und hat nichts mit naturwissenschaftlichen und mathematischen Beweisen zu tun. Es handelt sich um die verstandesmässige Vergewisserung, eines Menschen übrigens, der bereits gottgläubig ist. Es geht nicht primär um die Bekehrung eines Ungläubigen. Wenn ein solcher aber davon berührt werden sollte, umso besser. Der Ausgangspunkt ist ein Vers aus Ps 53,2: «Die Toren sagen in ihrem Herzen: ‹Es gibt keinen Gott.›» (Nebenbei eine sehr interessante und aufschlussreiche Feststellung. Es gab also im Umfeld der Entstehung des Alten Testamentes durchaus Atheisten!) Die Anselm'sche Formel lautet: «Gott ist ein Begriff, worüber hinaus nichts Grösseres und Vollkommeneres gedacht werden kann.» Der Schluss daraus: Also existiert er, weil Sein, weil die Wirklichkeit mehr ist als Denken, als das bloss Gedachte. Gott als das grösste Denkbare muss nach Anselm also existieren, weil sonst ein noch Grösseres denkbar wäre. Schlüssig hin oder her – Kant entgegnete, man dürfe von gedanklichen Vorstellungen nicht auf die Wirklichkeit schliessen – dieser kurze und irgendwie spontan und überraschend ausgesprochene Gedankengang verrät etwas von

denkerischem Herzblut. Er steckt an. Er wirkt dynamisch, ehrlich und auf seine Art unschlagbar wahr. Aber bei aller Begeisterung, die aus der Argumentation Anselms sprudelt, muss doch betont werden, dass dieser Aufweis der Existenz Gottes rein philosophisch vorgeht, knallhart rational überlegt und vom biblischen Offenbarungsgott nichts verrät.

Der zeitgenössische deutsche **Philosoph Robert Spaemann (geb. 1927)** überrascht uns mit einem nüchternen *Gottesbeweis aus der Grammatik*, die selbst Nietzsche noch angefochten habe. Es geht um das Futurum exactum, auf Deutsch: Das Futur zwei. Beispiel: Ich werde morgen mit einer Bekannten ein Beethoven-Konzert besuchen – das ist Futur eins. Morgen gilt die Redeweise: Ich besuche heute, ich besuche jetzt das Konzert – das ist Präsenz. Und die Gegenwart bleibt aufgehoben, indem für übermorgen festehen wird: Ich werde das Konzert besucht haben – das ist grammatisch Futur zwei. Da ist kein Widerspruch möglich. Da gibt es nichts einzuwenden. Und das bleibt auf immer gültig, im Gedächtnis und im Bewusstsein, auch wenn dieses erlöschen würde. Und meine Begleiterin wird dies auch noch in einem Jahr und darüber hinaus bestätigen. Und wenn meine Bekannte in einigen Jahren nicht mehr am Leben sein sollte, bleibt für mich dieses Faktum immer noch unumstösslich. Und wenn ich selber nicht mehr leben werde und kein anderer Konzertbesucher unsere Anwesenheit bezeugen könnte, wird es trotzdem in alle Ewigkeit wahr bleiben, dass ich an einem bestimmten Tag mit einer Begleiterin in einem konkreten Konzertsaal in einer bestimmten Stadt die Neunte Symphonie von Beethoven besucht und gehört habe. Niemand kann sich denken und vorstellen, dass dieses Ereignis in Zukunft seine Gültigkeit verlöre, dass es einmal nicht mehr gewesen sein könnte, auch wenn die Welt untergegangen sein wird. Was in der Gegenwart ist, bedeutet auch, dass es in Zukunft gewesen sein wird. Das einmal stattgefundene Ereignis kann nicht einfach ins Nichts zerfallen. Daraus resultiert zwingend die Schlussfolgerung: Alles, was geschieht, wird über Betroffene und Zeugen hinaus in ewiger Gegenwart seine gültige vergangene Wirklichkeit haben. Es muss in einem absoluten Bewusstsein gespeichert sein. Was immer von diesem Rückgriff auf Gott, diesem «Gottesbeweis» logisch denkerisch zu halten ist, originell und anregend bleibt die Überlegung, auch wenn sie keinen Agnostiker oder Atheisten aus dem Sattel werfen dürfte.

Wir kehren nochmals ins **Hochmittelalter** zurück. Die Aristoteleswelle förderte kritische Gedanken und Reden zutage. Im engeren akademischen Rahmen gab es eine spezielle Episode von «Aufklärung im Mittelalter». Im Jahr 1277 verurteilte der Erzbischof von Paris 200 Sätze, die die Neuzeit vorwegnahmen: Dass die Theologie auf Fabeln beruhe. Ferner sei die Keuschheit keine Tugend, vielmehr sei sie widernatürlich. Im Christentum fänden sich Irrtümer wie in anderen Religionen, und die Philosophie sei die eigentliche Wissenschaft. Es gab auch im Mittelalter Ansätze einer toleranten Gesprächskultur in Sachen Religion. In fiktiven literarischen Dialogen treten neben dem Christen ein Jude und ein Muslim auf, aber auch der Philosoph fehlt in der Arena nicht, der in aristotelischen Gedankengängen disputiert.

Wir sind doch nicht mehr im Mittelalter, ist eine unausrottbare stupide Redewendung. Vieles, was in kirchlichen Traditionalistenkreisen und bei deren Gegnern als Erbe des Mittelalters ausgegeben und dafür gehalten wird, stammt in Wirklichkeit aus dem 19. Jahrhundert. Bestimmt war das Mittelalter eines sicher nicht, nämlich prüde. Freizügige Lustbarkeiten vertrugen sich gut mit der öffentlichen Meinung. Priester, die im Konkubinat lebten – und das waren nicht wenige –, hatten kaum Vorwürfe zu befürchten, sofern sie ihrer Berufspflicht nachkamen. Und die bischöflichen Herrschaften waren mehr darauf erpicht, die Straftaxen für die unehelichen Priesterkinder einzutreiben, als die Kleriker zu sittlichem Lebenswandel zu ermahnen. Aber die Hierarchen trieben es ja sehr oft auch nicht anders. Wallfahrten waren nicht selten auch billige Ausreden für ausgiebige Vergnügungsreisen. Grosszügige bis ausschweifende Ess-und Trinkgelage bauten mental die alte Eidgenossenschaft und ihr Zusammengehörigkeitsgefühl mehr auf als Schlachten. Und der grundlegende Akt der Reformation in Zürich am 29. Januar 1523 wurde von Bürgermeister und Rat nach einem Geist und Nerven beruhigenden Mittagessen beschlossen. **Huldrych Zwingli (1484–1531)** durfte Leutpriester am Grossmünster bleiben und mit seinem Reformprogramm fortfahren. Vor der Mittagspause hatte man sich heftig mit dem debattierfreudigen Stellvertreter des Bischofs von Konstanz gestritten.

Worüber die Quellen des Mittelalters keine Auskunft geben, auch nicht geben können, weil es solche schriftlichen Quellen gar nicht gibt, sind Gedanken, Überlegungen, Fragen, Zweifel der sogenannten einfachen Menschen, die ihre quälenden und bohrenden Einwände und Gegenargumente wohl meist still für sich behalten haben und selbst vertrauten Menschen, Partnern und Partnerinnen kaum offen und schonungslos mitgeteilt haben dürften. Die unausgesprochenen Nachfragen der durchgehend benachteiligten, leidtragenden Frauen würden uns brennend interessieren. Es ist schlicht nicht vorstellbar, dass alle mittelalterlichen Menschen naiv an Gott als unzweifelhafte und undiskutierbare Grösse wie die Sonne am Himmel geglaubt haben. Da waren die Anfechtungen angesichts eines in jeder Hinsicht ungesicherten, zerbrechlichen und oft kurzen Lebens zu aufdringlich. Brutale Gewalt, Krankheit, Seuchen, Hunger und schreiende Ungerechtigkeiten waren allgegenwärtig und bedrängten den Lebensspielraum. Was haben wohl die Menschen um die Mitte des 14. Jahrhunderts für

Gedanken über Gott angestellt, als die ärgste Pestwelle in der Geschichte schätzungsweise ein Drittel der europäischen Bevölkerung auslöschte, in einzelnen Regionen bis zur Hälfte? Man soll auch nicht glauben, alle diese weitgehend zu kurz gekommenen, wenn auch überlebenden Menschen hätten nicht Wünsche nach mehr Lebensqualität gehabt. Und auch in den mittelalterlichen Menschen musste ein inneres sich Aufbäumen und Hinterfragen seinen Platz erobert haben. Eine geistige Rebellion, die aus dem Denkvermögen der Vernunft und nicht aus dem Glauben schöpfte. Wir erinnern jetzt nicht primär an die grobschlächtige Delegation des Bösen und des Übels an gesellschaftliche Minderheiten und Aussenseiter. Ungeprüft und menschenverachtend wurden Menschen als Sündenböcke angeklagt, mit Vorliebe die «Ketzerbewegungen», die vor allem vieles an der Kirche ablehnten und entsprechende Konsequenzen zu tragen hatten, ferner die Juden und die Hexen. Wir denken an dieser Stelle einmal besonders an jene stummen, inneren Proteste gegen die mächtigen Instanzen und Repräsentanten des kirchlichen Establishments, die die religiösen Vorgaben und Vorschriften machten und doch keine befriedigende Antwort auf die existenziellen Nöte und Plagen fanden. Wir denken an jene, die sich nicht einfach mit sonntäglichen Predigten abspeisen liessen, dass Gott zwar barmherzig, aber eben auch gerecht sei. Diese Dunkelziffer unzufriedener Zuhörer können wir mit triftigem Grund nur vermuten und erahnen. Aber da liegen viele Altlasten herum. Es wurde und wird viel Missbrauch mit dem Namen Gottes getrieben von Verantwortlichen der Kirche. Da erhoben sich wohl damals verdeckte Fäuste gegen Gott. Warum figuriert die missbräuchliche Verwendung des Namens Gottes durch die Kirchenvertreter offenbar bis heute nirgends unter den aufgelisteten Fragen der Gewissenserforschung? Ebenso wenig wird in der katholischen Kirche von offizieller Seite der verbreitete Missbrauch der Gewissen in der alten Beichtpraxis aufgearbeitet. Stattdessen wird oberflächlich und einseitig das Schwinden von Schuldbewusstsein für das weitgehende Verschwinden der Beichte verantwortlich gemacht.

Über den Staufer **Kaiser Friedrich II.** (1194–1250), der in Sizilien residierte und mit dem Papst im Clinch lag, gab es anscheinend Gerüchte, der eigenwillige und auch in der Beobachtung der Natur kundige und generell hochgebildete Herrscher, der seine Zeitgenossen mit seinem verblüffenden Wissen in Erstaunen versetzte, sei letztlich ein ungläubiger Mann gewesen. Und wenn dem so gewesen sein sollte, hatte er gute Gründe, dies für sich zu behalten.

Die *Reformation* wurde nicht von der Gottesfrage angetrieben, sondern vom Zustand der Kirche. **Martin Luther (1483–1546)** rang zwar zuerst mit Gott, bevor er sich zum Aufstand gegen Rom entschloss. Aber die Gottesfrage drehte sich bei ihm nicht um die Existenz Gottes, sondern um dessen Beziehung zum Menschen. Wie finde ich einen gnädigen Gott? Diese Frage quälte den von Heilsangst und Skrupeln gepeinigten Mönch Martin Luther über sein Turmerlebnis hinaus sein Leben lang. Und das herrschende Kirchensystem verhinderte für Luther den Zugang zu Gott, dem gnädigen Richter. Luther verpackte in seiner aufrüttelnden Kampfschrift von 1520 «An den christlichen Adel Deutscher Nation. Von des christlichen Standes Besserung» über die heillose Situation der Kirche das Bild vom Brand der Stadt und dem untätigen Bürgermeister. Sollten etwa die Leute nicht selber die Feuerwehr an die Hand nehmen, wenn die Obrigkeit versagt! Luther ist überzeugt, dass aufgrund der Taufe und des ihr eingestifteten Allgemeinen Priestertums letztlich alle berufen sind, sich der Not der Kirche anzunehmen, wenn die Amtsträger ausfallen. Luther wörtlich: «Was aus der Taufe gekrochen ist, das mag sich rühmen, dass es schon zum Priester, Bischof und Papst geweiht sei, obwohl es nicht jedem ziemt, dieses Amt auszuüben.»

Die Aufklärung war der Aufstand der Vernunft und die Proklamierung der Autonomie, Selbstverantwortung und Freiheit des Menschen. Der verheerende und mörderische *Dreissigjährige Krieg (1618–1648)*, der Züge eines totalitären Krieges trug, hat die christlichen Kirchen ins Mark getroffen, obwohl er keineswegs nur ein Glaubenskrieg war. Es war ein europäischer Krieg, der fast ausschliesslich auf deutschem Boden ausgetragen wurde, einen Ableger im Bündnerland hatte, von deutschen Staaten geführt, mit Interventionen auswärtiger Mächte, von Dänemark, Schweden und Frankreich, mit unvorstellbarem Leid für die Zivilbevölkerung, masslosen Zerstörungen und einer Kriegsführung der «verbrannten Erde». Die Konfessionsparteien bekämpften sich mit neu entfachtem glühendem Hass. Für die Protestanten ging das Grundübel auf die beiden Bösewichte zurück, den Papst und den Türken. Ein inbrünstiges Hass-Gebet lautete: «Erhalt uns Herr bei deinem Wort und steur' des Papstes und des Türken Mord!» Katholische Mütter ihrerseits machten schon den Kindern

Angst mit dem bösen Feind aus dem Norden, der protestantischen schwedischen Militärmacht, die mit grausamer Härte das Land überzog. Hatten die Kleinen keine Lust zu einem artigen Nachtgebet, flocht man einen Drohbefehl mit dem Namen des schwedischen **Reichskanzlers Axel Oxenstierna (1583–1654)** ein, das dann so hiess: «Morgen kommt der Oxenstierna, wird das Kindche bete lerna!» Im Mai 1631 wurde von kaiserlichen Truppen das protestantische Magdeburg dem Erdboden gleichgemacht, eingeäschert und die Bevölkerung getötet. Man nannte das alsbald *magdeburgisieren.* (Als im November 1940 deutsche Bombengeschwader die englische Stadt Coventry weitgehend pulverisierten, hiess das nachher *coventrieren.*) Es gab im Dreissigjährigen Krieg *Kriegsverbrechen und Verbrechen gegen die Menschlichkeit* in unvorstellbarem Ausmass, bevor der Nürnberger Prozess 1945/46 diese Worte als Anklage für die Exzesse des Zweiten Weltkriegs fand. Die Menschen erlitten in diesem endlosen Krieg unvorstellbare Nöte an Hunger, brutaler Gewalt und Not. Deutschland wurde von diesem längsten aller Kriege traumatisiert. Es brauchte viele Jahrzehnte für die Erholung. Ein rasches Wirtschaftswunder stellte sich nicht ein. Mehr als 150 Jahre später traf **Friedrich Schiller (1759–1805)** mit seinem dreiteiligen Drama «Wallenstein» im Jahre 1800 noch den Nerv des Publikums. Wallenstein war der Feldherr des Kaisers. Wir sprechen und schreiben 70 Jahre nach dem Ende des Zweiten Weltkriegs immer noch von unserer Periode als der grossen langen Nachkriegszeit. Den Dreissigjährigen Krieg empfanden die Leidtragenden in Deutschland als das Ende der Welt, auf alle Fälle als den absoluten Tiefpunkt.

Schlimmeres war für sie nicht denkbar. Für mehr als eine Generation war Friede ein Fremdwort. Man suchte und fand einen Rest von Geborgenheit im tröstlichen, vorzüglich evangelischen Kirchenlied.

Aber wenn ein Tiefpunkt erreicht war, konnte es nur wieder aufwärts gehen, sofern das Leben weiterging. Auch in den Kirchen schöpfte man wieder Hoffnung und schuf aus der Tiefe heraus, auferstanden aus Ruinen, speziell im katholischen Raum eine grandiose Barockkultur im Kirchenbau, wo die Grösse Gottes, prachtvoll und prunkvoll zur Schau gebracht, die daniederliegende Christenheit in wirksamem Kontrast zu erlittenem Leid wieder aufrichten konnte. Andere wandten sich enttäuscht, frustriert und angewidert von den ewig sich bekämpfenden Kirchen in gewissem Sinn an Gott direkt und vertrauten der Vernunft und den natürlichen Fähigkeiten des Menschen. Die Schöpfung hielt mit ihren unauslotbaren, reichhaltigsten Schätzen und mobilisierbaren Kräften vieles bereit für einen Neuanfang und wartete bloss darauf, entdeckt zu werden. Materielle Not legte spontan erfinderische Kräfte frei. Der Mathematiker und **Physiker Isaac Newton (1643–1727)** entdeckte die Gesetze der Mechanik, und mit der Weiterentwicklung der Mathematik schuf er die Voraussetzungen für die künftige Technik, aus der schliesslich die moderne Industrialisierung und Motorisierung hervorging. Für den gläubigen Christen Newton waren seine Erfindungen Hilfen, die Gott dem Menschen zur Verfügung stellt, um die Entbehrung zu überwinden. Sein Zeitgenosse **Gottfried Wilhelm Leibniz (1646–1716)**, ebenfalls ein erfolgreicher Mathematiker, war als Philosoph von einem positiven Weltbild erfüllt und blickte optimistisch in die Zukunft.

Der irrsinnige *Hexenwahn*, der bezeichnenderweise mitten im Dreissigjährigen Krieg, auf beide Konfessionen verteilt, schlimmer als je in der ganzen Geschichte gewütet hatte, wurde schliesslich auch mit theologisch-vernünftigen Gründen grösstenteils und relativ rasch überwunden. Der **Jesuit Friedrich Spee (1591–1635)** kritisierte mit seiner «Cautio criminalis» (1631) bereits die Hexenprozesse. Eine Schrift, die grosse Wirkung erzielte und die Befreiung vom Hexenwahn einleitete. Ähnlich wie der Holocaust ein Parallelkriegsschauplatz war, bildeten die Hexenprozesse eine hässliche Kriegserweiterung. Allerdings machten zahlenmässig die getöteten Hexen einen kleinen Bruchteil aus im Vergleich zur Zahl der ermordeten Juden, Widerständler und Minderheiten.

Zur Philosophie. **Immanuel Kant (1724–1804)**, der klassische Vertreter der *philosophischen Aufklärung*, brach mit der Metaphysik und den Gottesbeweisen, wie sie unter anderen Aristoteles und Thomas von Aquin dargelegt hatten. Weder Vernunft noch Erfahrung würden die Existenz Gottes erhärten. Die Vernunft lässt die Frage offen. Da springt der Glaube ein. Da wirkte die protestantische Tradition nach, in der Kant aufgewachsen war. Im Unterschied zu Luther vertraute die katholische Tradition auf die Vernunft, die für sie eine Stütze des Glaubens ist. Kant hielt die Voraussetzung, dass *Gott existiert* und der Mensch einen *freien Willen* und eine *unsterbliche Seele* hat, für unerlässliche Postulate der «Praktischen Vernunft», für die Moral und das Zusammenleben der Menschen. Kant stellte die menschlichen Fähigkeiten und Möglichkeiten in drei Fragen dar: «*Was kann ich wissen? Was soll ich tun? Was darf ich hoffen?*» Nach Kant nimmt der menschliche Verstand, angestossen durch die Sinneserfahrung, die Realität nicht einfach zur Kenntnis, wie sie an und für sich ist, sondern was sie für uns ist. Die in Raum und Zeit erkennende Vernunft ist schöpferisch tätig. Das Subjekt macht sich das Objekt irgendwie zu eigen. Das menschliche Bewusstsein ist also keine bloss passive unbeschriebene Tafel, die nur von aussen einwirkende Sinneseindrücke registriert, sondern selbst kreativ formend. Die Realität wird durch den Menschen und für den Menschen denkerisch gestaltet. – Zur Auflockerung. Kant lebte immer im ostpreussischen Königsberg, pflegte einen streng geregelten Tagesablauf, so dass die Königsberger, die in seiner Nähe wohnten, nicht auf die Uhr zu blicken brauchten, weil sie wussten, dass ihr Philosoph immer pünktlich zur selben Zeit seine Spaziergänge absolvierte. Aber so spröde war Kant nicht. Er war zwar nicht verheiratet, pflegte aber ausgiebig die Gastfreundschaft, liebte das gesellige Zusammensein und verlangte von seinen Gästen einzig, dass sie den Besuch nicht für philosophische Fachsimpelei zu nutzen versuchten. Und er hatte einen speziellen Spleen. Er servierte gern Senf zu seinen Gerichten und legte Wert darauf, den Senf selber zu produzieren. Ob darin auch ein Schuss beigewürzte Selbstironie mitschwang? – Hören wir zusätzlich ein emotional ansprechendes Bekenntnis von ihm. «Zwei Dinge erfüllen das Gemüt mit immer neuer und zunehmender Bewunderung und Ehrfurcht, je öfter und anhaltender sich das Nachdenken damit beschäftigt: Der gestirnte Himmel über mir und das moralische Gesetz in mir.» Das lädt zum

Nachvollzug ein. Der Blick in den Himmel bei sternklarer Nacht ist ein Auszug in die Unbegrenztheit des Universums. Unser Auge dringt in Galaxien vor, und mit unserem ordnenden Verstand überwinden wir blitzschnell riesengrosse Distanzen. Gleichzeitig verleiht die Beobachtung der Gestirne und ihrer Bahnen dem irdischen Beschauer inneren Halt.

Es existierte gegen Ende des 18. Jahrhunderts durch die Aufklärung so etwas wie eine überkonfessionelle europäische Union fortschrittlicher liberaler Ideen. Die Proklamierung der Würde, der Freiheit und der Gleichstellung der Menschen stammt auch aus der Botschaft Jesu und dem Neuen Testament. Auf dieser Überzeugung basierend, entstand eine katholische Aufklärung, die aber im Lauf des 19. Jahrhunderts innerkirchlich von der Hierarchie systematisch zurückgedrängt und weitgehend mundtot gemacht wurde. Natürlich gab es in der Aufklärung radikale militante Strömungen, die ausserhalb der Vernunft nichts gelten liessen und eine übernatürliche göttliche Offenbarung strikte ablehnten. Die Aufklärung war speziell im katholischen Frankreich mit forscher und scharfer Kirchenkritik verbunden und gipfelte im hasserfüllten Ausruf **François-Marie Arouets (Voltaire, 1694–1778)**: «Ecrasez l'infâme!» (Zermalmt sie, die Niederträchtige!) Gemeint war die katholische Kirche.

Entspannung und einen gewissen Religionsersatz boten die nicht zuletzt in der Schweiz aufkommenden überkonfessionellen vaterländischen Regungen, die in Geschichtsschreibung, Poesie und im Lied sich zu Worte meldeten und in Vereinigungen mündeten, deren Anhänger sich Patrioten nannten und die eidgenössische

Gründungsgeschichte verklärten und verherrlichten, wie das gegenwärtig von gewissen Kreisen wieder ventiliert wird. Der zelebrierte Freiheitsmythos der Eidgenossenschaft wurde mit der Aufklärung in Verbindung gebracht, und so wurde die vermeintliche eidgenössische Freiheit als Vorläuferin einer allgemeinen menschheitsbeglückenden Freiheit begrüsst. – Die Toleranz der Aufklärung und die Relativierung von absoluten Denkformen besserte im 18. Jahrhundert das Klima zwischen Katholiken und Protestanten und förderte die *Ökumene*. Auf diese Klimaerwärmung folgte im 19. Jahrhundert eine ökumenische Zwischeneiszeit, die sich in diversen Schüben bis in die Mitte des 20. Jahrhunderts hielt. Die Ökumene, die nach dem Zweiten Weltkrieg aufkeimte, hatte in den Konzentrationslagern der Nazis unter den evangelischen und katholischen Widerstandskämpfern ihre Bluttaufe erhalten.

Dass man über Gott und die Welt frei nachdenken sowie darüber auch öffentlich reden und schreiben kann, wurde für Europa seit der Aufklärung verbreitet mehrheitsfähig. «Die Gedanken sind frei» – so beginnt ein populäres Volkslied aus der Zeit noch vor der Französischen Revolution, das von Studenten und Demokraten bei Aufmärschen nach der napoleonischen Zeit wie eine deutsche Marseillaise gesungen wurde. Die Gedanken- und Meinungsfreiheit machte auch vor der Gottesfrage nicht halt. Aber um 1800 konnte Atheismus beispielsweise in Deutschland noch ein gesellschaftlicher Skandal sein, wie das Verfahren gegen den **Philosophen Johann Gottlieb Fichte (1762–1814)** allein wegen des Verdachts von Atheismus zeigte, was ihn seine

Professur 1799 an der Universität Jena kostete. **Ludwig Feuerbach (1804–1872)** seinerseits wurde Atheist reinsten Wassers und brachte seine Reflexionen auf eine einfache Formel: Der Mensch ist nicht das Geschöpf Gottes, sondern Gott ist das Geschöpf des Menschen, die Projektion seiner Wünsche, seiner unerfüllten Sehnsucht. Auf dieser gedanklichen Basis arbeitet bis heute die atheistische Werkstatt. Auch Feuerbach wurde als Privatdozent in Erlangen gemassregelt und nicht in den bayerischen Staatsdienst übernommen. Die Gedankenfreiheit ist auf alle Fälle die Voraussetzung für eine unbefangene und ehrliche Beschäftigung mit Gott.

Der französische Religionskritiker und Mitbegründer der **Soziologie Auguste Comte (1798–1857)**, beflügelt von Wissenschaftsgläubigkeit, teilte die Entwicklung der Menschheit in drei Stufen ein: In der kindlichen Phase bestimmt die Religion das Denken, in der Adoleszenz gibt die Philosophie den Ton an und im reifen Erwachsenenalter beherrscht die Wissenschaft das Terrain und löst die früheren Zeitalter ab. Das Dreierschema erfreute sich schon im Mittelalter gewisser Beliebtheit. Da wird das heilsgeschichtliche Geschehen trinitarisch dargestellt. Das Alte Testament ist das Zeitalter des Vaters, das Neue Testament ist die Zeit des Sohnes, und dann hebt als Erfüllung und Vollendung das Zeitalter des Heiligen Geistes an. Diese Periodisierung ist vor allem mit dem Namen des süditalienischen **Zisterzienserabtes Joachim von Fiore (ca. 1130–1202)** verbunden. Auf die «petrinische Zeit» der Kirche folgte im Hochmittelalter die «johanneische Zeit», geistlich monastisch geprägt. Joachim von Fiore war gemässigt. Franziskaner-Spiritualen nahmen die Ideen im 13. Jahrhundert auf für einen radikalen Schnitt und Schritt und liessen von der real existierenden Kirche kaum einen Stein auf dem andern. Mit der späteren Vision einer faktischen Entkirchlichung war das Programm formuliert für einen politischen Messianismus der Neuzeit. Sakralpolitisch lebte der Dreischritt auch in der Rom-Idee: Auf das erste altrömische *Rom* folgte das zweite oströmisch-byzantinische Rom, verkörpert in *Konstantinopel*. Und nach dem Untergang des oströmischen Reiches 1453 soll *Moskau* nach der Vorstellung im russischen Mönchtum als «Drittes und Letztes Rom» aufsteigen. Säkularisiert und atheistisch geisterte diese Rom-Idee auch in der Weltrevolutionstheorie von Lenin und Trotzki von 1917. Eine weitere Perversion dieses Dreisatzes vollzog das Dritte Reich Hitlers in der Parole «Ohne Juda, ohne Rom [...]» mit der Entlassung aus jüdisch-christlicher Tradition.

44 **Karl Marx (1818–1883)** steht für den polemisch militanten Atheismus in der Philosophie des Materialismus und der kommunistischen Weltanschauung. Seine Einschätzung von Religion als «Opium des Volkes» wurde von **Wladimir Iljitsch Uljanow (Lenin, 1870–1924)** überboten, der Religion als «gefährlichste Abscheulichkeit» abqualifizierte. Der marxistisch-leninistische Atheismus kam von Gott irgendwie doch nicht los und transportierte ihn in die politische Ideologie. Die Sowjetunion übernahm den orthodoxen Kult mit den Ikonen, den Bildern von Christus und den Heiligen. Nun zierten Marx und Engels, Lenin und Stalin die Säle und Büros und grüssten von allen Wänden. Der neue Ikonenkult wurde auch in alle Satellitenstaaten des Ostblocks exportiert. Selbst in der von Natur spröden preussisch-protestantisch geprägten DDR, allerdings durch die Hitlerei bereits

eingeübt, war neben den Moskauer Granden überall Walter Ulbricht, später Erich Honecker zu sehen. Über jedem staatlich-bürokratischen Schreibtisch hing deren Foto. Wurden in Moskau oder Ost-Berlin die leitenden Parteifunktionäre über Nacht gestürzt, wurden als erste Massnahme die Porträts der Abgesetzten entfernt. So ging die Geschichte der orthodoxen Kirche mit ihrem Bilderkult oder der Zerstörung der Bilder im staatlich atheistisch erklärten Zeitalter munter weiter. In der DDR wurden auf Transparenten die immer gleichen Parolen dogmatischen und einpeitschenden Inhalts geschwenkt, so dass auch die alten Stossgebete in veränderter Form ihre weitere Verwendung fanden. Nur wurden sie faktisch von denen, die es angegangen wäre, nicht beachtet und damit auch nicht nachgebetet. Dies fiel nur auswärtigen Besuchern auf. Und wie in der Liturgie und Verkündigung der katholischen Kirche immer wieder auf die «Prima sedes», den apostolischen Sitz des römischen Bischofs hingewiesen wurde, so unterliessen es die unterworfenen Staaten nie, auf Moskau und den Kreml als Zentralen der kommunistischen Welt, auf deren oberste Machthaber hinzuweisen und auf entsprechenden Gehorsam einzuschwören. Eine Parole kehrte immer wieder: *Von der Sowjetunion lernen heisst siegen lernen.*

Der deutsch-jüdische **Dichter Heinrich Heine (1797–1856)** schrieb schon 1854 an die Adresse von Marx und Feuerbach und andern von «gottlosen Selbstgöttern» – Im nationalsozialistischen Deutschland liess sich Hitler, zum Teil mit Unterstützung der «Deutschen Christen», als Heilsbringer und Messias feiern. Mit Blut-Fahnenkult, Lichtermeer, Aufmärschen, Gelöbnissen und Feiertagen zelebrierte das Dritte Reich eine Ersatzreligion. Die «Deutschen Christen»(DC) waren der nationalsozialistisch gesinnte Flügel der «Deutschen Evangelischen Kirche» (DEK), die 1933 auf dem Sprung waren, die Führung im deutschen Protestantismus zu übernehmen und einen «Reichsbischof» kürten. Die DC beschlossen, die Judenchristen (d. h. die getauften Juden) faktisch aus der Kirche hinauszudrängen. In der Folge formierte sich in der Sammlung der «Bekennenden Kirche» eine Opposition. Diese forderte 1934 mit der «Theologischen Erklärung von Barmen» – inspiriert vom Schweizer Theologen Karl Barth –, die Kirche müsse gemäss dem paulinischen Erbe Kirche bleiben und allein auf Jesus Christus gründen. Die DEK blieb bis 1945 gespalten.

Die Übernahme religiöser Symbolik und Riten durch die Politik wurde in der neueren Geschichte erstmals in der *Französischen Revolution* mit ihren Mega-Versammlungen, mit skandiert vorgetragenen Bekenntnissen und Liedern, mit dem Kult der republikanischen Vernunft von der Diktatur der Jakobiner praktiziert, die so weit ging, die Hinrichtung des Königs als erlösenden Karfreitag zu deuten, aus dem die glorreiche Republik hervorging, deren Mission es wurde, die Menschen auch wider ihren eigenen Willen zum Glück zu zwingen. Wo der Atheismus sich militant meldete und operierte, nahm er oft das abgehalfterte Gottesbild auf und betrieb einen totalitären Anti-Gott-Kult, der die verabschiedeten Seiten Gottes und kirchlichen Vorstellungen nun auf die Sichtweise der Dinge und der Welt ohne Gott übertrug. Die politischen und philosophischen Ideologien der französischen Radikalrevolutionäre oder des Dialektischen Materialismus nach Marx sollten die Entstehung des Universums und der Gesellschaft aus einem letztlich einfachen Guss erklären, woraus die alten jüdisch-christlichen Sachverhalte wie Ursprung und Fall, Schuld und Sühne nun auf Erlösung und Befreiung von absolutistischer Herrschaft oder kapitalistischer Ausbeutung und damit auf einen letzten paradiesischen Zustand hinstreben würden.

Wieder zum philosophischen Alltag. Die Beschäftigung mit Gott bedarf keiner beruflichen oder fachlichen, auch keiner altersgerechten Voraussetzung. In **Gottfried Kellers** (1819–1890) Entwicklungsroman «Der Grüne Heinrich» fragt der über die Zürcher Dächer hinaus sinnierende und vom goldenen Hahn auf dem Dachreiter der Predigerkirche faszinierte Bub die Mutter: «Was ist Gott? Ist es ein Mann?» Sie antwortet: «Nein, Gott ist ein Geist!» – Keine physikalischen Experimente, keine Laboruntersuchungen, keine chemischen Analysen sind notwendig, und auch keine mathematischen Berechnungen sind für das Nachdenken über Gott unentbehrlich. Diese Methoden würden auch nicht weiterhelfen. Also keine wissenschaftlichen Vorleistungen. Aber auch der Glaube und Glaubenserfahrungen sollen nicht vorschnell ins Spiel gebracht werden. Damit ergäben sich sofort wieder die üblichen Spannungen und Frontstellungen. Das kennen wir zur Genüge oder besser zum Überdruss. Einzig und allein unser Verstand, die menschliche Vernunft ist gefragt. Die Vernunft ist das Instrumentarium, das allen Menschen gemeinsam ist. Damit ist aber auch klar, dass der denkende Mensch sich nicht allein schon deshalb verteidigen muss, weil er sich überhaupt der Gottesfrage annimmt. Das ist eine hochkarätig vernünftige Angelegenheit.

Es hat sich allerdings seit gut zweihundert Jahren bei vielen Menschen ein hartnäckiger Minderwertigkeitskomplex eingenistet, der sich dahin manifestiert, als müsse sich der Gottsucher verteidigen und um Verständnis werben, wenn er zugibt, dass ihm dieses Problem keine Ruhe lässt. Bis vor rund zweihundert Jahren riskierten Gottesleugner, wenn auch nicht mehr ihr Leben, so doch ihre berufliche Existenz und ihre gesellschaftliche Akzeptanz. Das hat sich gründlich geändert. Wer sich heutzutage vor einem wissenschaftlichen Forum zu Gott bekennt, sieht sich in der Defensive und riskiert mitleidiges Lächeln oder gar Spott oder mindestens nicht für voll genommen zu werden, was eine der schlimmsten Formen von Ablehnung ist. Sich mit der Gottesfrage herumzuschlagen, bedeute nicht auf der Höhe der Zeit zu leben und in naivem Denken befangen zu sein, heisst es etwa. Solche Stimmen melden sich zuhauf. In die Verteidigung getrieben, führt es dazu, dass Gott und weitgehend auch die Religion zur Privatsache mutierten. Die Gretchenfrage in **Goethes** «Faust», «Nun sag', wie hast du's mit der Religion? [...] Glaubst du an Gott?», wird kaum gestellt, höchstens im vertrauten Gespräch. Anderweitig wird sie als anmassend abgelehnt und ungehörig empfunden. Auch unter Freunden oder sich anbahnenden Verbindungen zwischen Mann und Frau wird dieses Thema eher selten direkt angesprochen und schon gar nicht frontal zur Diskussion gestellt, sondern, wenn schon, einfach auf der Basis von Kirchenzugehörigkeit oder Konfessionslosigkeit abgehandelt. Im Hintergrund steht dabei eine allfällige religiöse Kindererziehung. Da muss man innerlich nicht viel preisgeben und darf an der Oberfläche bleiben. Gedanken und Reden von Gott bleiben im Diffusen. Der Entscheid zur Taufe ist faktisch oft nur im Entfernten ein Glaubensbekenntnis. Von Eingliederung in die Kirche schon gar keine Rede. Die Taufe gehört klar zur Tradition. Der Segen möge das Kind begleiten. Das ist uns mehr als recht. Schaden tut's ja nicht. Und wenn an Gott und Glauben doch was dran ist – wer weiss –, dann umso besser.

Wir wollen es nicht mit Ironisieren bewenden lassen. Aber es hat sich eben doch sehr viel verändert. Die Sakramente mit dem, was sie bezeichnen und bewirken wollen, haben auch im katholischen Raum nicht mehr den früheren Stellenwert. Die kirchlichen Initiationsfeiern, Erstkommunion, Firmung, Konfirmation verlangen weder von den Kindern und Jugendlichen noch von den Eltern oder Erziehungsberechtigten viel. Auch der sonntägliche, gar regelmässige Kirchgang verrät nicht viel von dem, wie es drinnen aussieht. Das geht niemanden was an. Konjunktur haben symbolische Handlungen, die mit Wohlbefinden, Schutz und Gesundheit zusammenhängen. Ein Beispiel: Der Halssegen am Blasius-Tag, dem 3. Februar, ist begehrt, auch bei Nichtkatholiken. Das Berühren der brennenden Kerzen mit dem Hals berührt offensichtlich. Es ist der Hinweis auf das Geheimnisvolle, das Numinose, das lockt. Irgendetwas zwischen Himmel und Erde gibt es halt schon. Aber nicht das nüchtern Fleischgewordene, das Geerdete, wie es im genuin christlichen Gottesverständnis präsent ist, wirkt anziehend, eher so etwas wie kosmische Schwingungen. Es gibt Kirchenbesucher, die nur eine Kerze in einem Anliegen oder Gedenken anzünden wollen. Darüber hinaus erheben sie keinen Anspruch an den Kirchenraum und an einen Gottesdienst. In den letzten Jahrzehnten haben sich die katholischen Liturgen in Regieanweisungen hierzulande jede erdenkliche Mühe gegeben, alle Reste magischen Denkens bei sakramentalen Riten aus den Herzen der Gläubigen auszuräumen. Aber genau das ist wieder gefragt, auch jenseits katholischer Grenzen.

Als bei der Vorbereitung auf die Schweizer Landesausstellung *Expo.02* in ökumenischen kirchlichen Gremien beraten wurde, wie man sich gemeinsam einbringen könnte, stand logischerweise die Gestalt von Jesus Christus im Vordergrund. Da hatte man die Rechnung ohne den Wirt gemacht. Die Verantwortlichen der Landesausstellung des Jahres 2002 wollten das Religiöse oder besser die Spiritualität nicht ausklammern und brachten den diesbezüglichen Sektor eigenwillig auf die überraschende Formel: Un ange qui passe – ein Engel schwebt vorüber. Grosses Erstaunen bei den verdutzten Kirchenleuten. Man griff auf die Engel zurück, die in beiden Kirchen längst auf einem Nebengeleise standen und noch am ehesten beim Nachtgebet mit kleinen Kindern als Schutzengel mobilisiert werden. Aber wie oft werden inzwischen überkonfessionell und interreligiös oder gar ausserreligiös Segensriten eingesetzt als Zeichen der Verbundenheit! Das ist ja auch schön.

Es ist längst nicht mehr so, dass die Kirchen und die anderen religiösen Gemeinschaften und auch die Philosophen ausgiebig die Gottesfrage verwalten. Schon gar nicht haben sie darauf ein Monopol. Um Gott ist ein freier Markt entstanden, und viele Stände haben zum Thema etwas zu bieten, sei es etwas Anspruchsvolles oder Leichtbekömmliches. Man kann sich bedienen, im Konfektionsgeschäft sich individuell beraten lassen oder rasch etwas von der Stange holen. Das Angebot ist unverbindlich. Demnach läuft es mit der Nachfrage.

So geht das Gottesgeschäft unterdessen meist ohne Polemik über die Weltbühne. Schade. Wo bleibt das anregende und pikante Duell? Fast wehmütig blickt man zurück und vermisst den militanten Atheismus, wenigstens auf der philosophischen Warte. Gewisse sogenannte *Freidenker-Gruppierungen* leisten sich bisweilen noch ein gewisses Mass an Aggression. Aber wie die Etikettierung erahnen lässt, haben sich ihre Anhänger vom Gottesglauben losgestrampelt, der ja in kirchlichen Unterweisungen nur allzu oft als ein Feind von Freiheit vermittelt worden war. Es heisst zwar auch, dass Gott «wahrscheinlich» nicht existiere. Darum solle man das Leben ungehindert geniessen. Einerseits eine gewisse Selbstbescheidung. Andrerseits ist die Folgerung daraus ein schreckliches Gottesbild, gegen das man sich nur zur Wehr setzen könne. Gott als Feind des freien, selbstbewussten Lebens. Da wirkt noch die alte und oft nachvollziehbare Revolte nach. Dabei könnten Agnostiker und Freidenker mehr damit punkten, dass man auch ohne Gott eine eindrückliche ethische Gesinnung an den Tag legen kann und auch praktiziert. Ein positives Verhalten, das niemand abstreiten kann. Oft wird die Säkularisierung der letzten 200 Jahre als fortschreitende Entchristlichung und Entkirchlichung wahrgenommen. Damit wird aber übersehen, dass hierzulande die Menschenrechte, die humane Justiz und vor allem der Ausbau des Sozialstaates ab der zweiten Hälfte des 20. Jahrhunderts gelebtes Christentum sind. In gewissem Sinn ist unsere gegenwärtige gesellschaftliche Prägung und Wirklichkeit christlicher als alle Jahrhunderte zuvor. Die Vergangenheit wird in ihrer christlichen Glaubenssubstanz und Praxis oft überschätzt und die Gegenwart entsprechend unterschätzt. Das christliche Bekenntnis hat sich auf die Praxis verlagert. Man beruft sich in der Öffentlichkeit nicht auf Gott, zehrt aber vielfach von den besten Elementen des christlichen Erbes. Darin spiegelt sich auch indirekt das Erbe von Kant.

Im 21. Jahrhundert meldete sich der sogenannte *Neue Atheismus* lautstark zu Wort, vor allem verbunden mit den Namen von **Richard Dawkins (geb. 1941)** mit seinem Buch «Der Gotteswahn» (Originaltitel: «The God Delusion») und **Michael Schmidt-Salomon (geb. 1967)** von der Giordano-Bruno-Stiftung. Diese Strömung begehrt mit Bezug auf die Streitkultur der Aufklärung gezielt auf gegen die Militanz religiöser Fundamentalisten bis hin zu den fürchterlichen Exzessen hassgetriebener Islamisten. Es wird Front bezogen gegen jeglichen religiösen Irrationalismus. Da werden auch offene Türen eingerannt. Mit diesem Anliegen befinden sie sich im selben Boot mit allen vernünftigen christlichen Theologen und kirchlichen Amtsträgern. Missbrauch der Religion und Glauben an Gott gehören nicht zusammen. Nur kommt die Botschaft der Neo-Atheisten auch streckenweise sehr ultimativ daher, dass bei ihnen ein quasi-dogmatischer Absolutheitsanspruch gewittert wird. Es wird auch Denken gegen Glauben ausgespielt. Gott existiere «mit ziemlicher Sicherheit» nicht. Beweisen lasse sich aber auch die Nicht-Existenz nicht. Bedenkenswert ist die Anregung zu unterscheiden zwischen dem *unvorstellbaren Gott* und dem *vorgestellten Gott*. Dem würde Thomas von Aquin, wie wir gesehen haben, lebhaft zustimmen.

Aber abgesehen von solchen Kampfplätzen gilt: Die Arena um Gott ist weitgehend verlassen und verödet. Gewiss trauert niemand dem politisch motivierten und seinerseits freiheitsfeindlichen *Atheismus von Marx und Lenin* nach, schon gar nicht der gewaltsamen, mit tödlichen Folgen verbundenen Unterdrückung von Religion und gelebtem Glauben, wie er in der früheren Sowjetunion und in den kommunistischen Staaten des Ostblocks, am brutalsten in Albanien bis zur Wende von 1989 praktiziert wurde. Albanien hatte sich 1967 – ein erstmaliger Vorgang in der Geschichte – offiziell zu einem atheistischen Staat erklärt. So etwas ist in Europa vorbei. Selbst im offiziell immer noch nominell kommunistischen Grossreich China scheint man nach dem Kahlschlag der «Kulturrevolution» den Wert des Konfuzianismus mittlerweile teilweise wieder eher zu schätzen.

Friedrich Nietzsche (1844–1900) hatte laut den Atheismus, den Tod Gottes, prophetisch proklamiert. Gleichzeitig kam er doch nicht los von Gott. So sein Gedicht «Dem unbekannten Gott». Die intellektuelle Jugend nach dem Zweiten Weltkrieg interessierte sich beispielsweise für den bekennenden **Atheisten Jean-Paul Sartre (1905–1980)**, eine Ikone des philosophischen und literarischen Existenzialismus. Es war eine genüssliche und risikolose Beschäftigung mit dem brisanten Thema. Gleichzeitig konnte man die an verschiedenen Mittelschulen dominierenden kirchlichen Autoritäten mit aufmüpfigen Fragen und Einwänden ärgern und auf ihre Kompetenz und Schlagfertigkeit testen. Aber das ist auch längst Schnee von gestern.

Sowohl Nietzsche als auch Lenin oder Sartre haben sich auf ihre persönliche Weise deutlich von Gott abgekoppelt, mit dem sie in jungen Jahren eng oder mindestens selbstverständlich verbunden waren. Sie probten den heftigen, intellektuellen bis hasserfüllten Aufstand gegen Gott. Gott wurde nach der marxistisch-leninistischen Ideologie von den Mächtigen als Machtmittel gegen die Ohnmächtigen instrumentalisiert. Als Valium zur Vertröstung. Was der real existierende Sozialismus allerdings seinen Gefolgsleuten und Geknechteten an innerweltlichen Vertröstungen bis zum Sieg des reinen, endzeitlich erlösenden Kommunismus zumutete, schlägt alle wie auch immer gearteten religiösen Vertröstungspraktiken.

Zur Versöhnung zwischen Gottesglauben und Atheismus wurde ab der zweiten Hälfte der 1960er Jahre der Versuch unternommen, in einem humanen Sozialismus den Schlüssel für eine atheistische Christentumspraxis zu finden. Der bekannteste Name dafür war **Dorothee Sölle (1929–2003)**. In Jesus wird das Beispiel gesehen, wie ein Gottesverständnis ohne Gott aussehen könne. Der *Tod Gottes*, spätestens nach Auschwitz – wir kommen auf Auschwitz und die Möglichkeit, danach noch weiter an Gott zu glauben, unten zu sprechen –, wird zu einer definitiven Absage an ein altvertrautes Bild von Gott, dem Vater, der es schon richten wird. Jesus weist uns letztlich den Weg, ohne Gott im überlieferten Sinn, im Klartext ohne einen personalen Gott auszukommen. Ihr bekannter Buchtitel dafür lautet «Atheistisch an Gott glauben». Gott wird zur Chiffre für das, «was uns unbedingt angeht». An Gott glauben erschöpft oder erfüllt sich im Radikal-füreinander-Dasein: Gott ist für Sölle ein Wort für unüberbietbare soziale Praxis. Sie warb auch kräftig für feministische Anliegen und war eine kämpfende Pazifistin.

Die experimentelle Naturwissenschaft hat den Angriff auf Gott eingestellt, soweit er bissig karikierend geführt wurde. Aussagen wie die, man habe Gottes Anwesenheit weder im Reagenzglas noch im Weltall aufgespürt, kann sich niemand mehr leisten, ohne sich lächerlich zu machen. Der **Physiker Werner Heisenberg (1901–1976)** bemerkte einmal: «Der erste Schluck aus dem Becher der Naturwissenschaften macht atheistisch. Doch auf dem Grund des Bechers wartet Gott.» Als Atheist will man sich eher selten bezeichnen. Dieser Titel ist irgendwie unattraktiv geworden. Bevorzugt wird die Bezeichnung Agnostiker. Das ist einfacher. Es wird Stimmenthaltung praktiziert. Das macht unangreifbar. Die bekennenden und kämpferischen Atheisten der ersten Generation sind längst ausgestorben. Sie haben sich seinerzeit schmerzlich von Gott losgeschrien und losgeschrieben. Da bluteten noch Wunden. Jetzt haben wir es weitgehend mit einer Generation zu tun, die weder unter Gott noch an Gott leidet, keine religiösen Traumata mit sich herumschleppt, sondern in Erziehung und Unterweisung gar nie mit ihm richtig konfrontiert wurde. Wo man ihn nicht vermisst, muss man ihn gar nicht erst vermiesen.

Für oder gegen Gott – Was ist Glaube?

Es gibt Gründe, die gegen die Existenz Gottes sprechen, und Gründe, die für die Existenz Gottes sprechen. Eine gründliche Auslegeordnung nach beiden Seiten ist nötig. Man wägt ab und entscheidet sich danach. Weder lässt sich die Existenz Gottes nach gängigen Regeln beweisen, wie wir sie aus den wissenschaftlichen Methoden kennen, noch lassen sich in diesem Sinn Beweise für die Nicht-Existenz Gottes präsentieren. Der Entscheid für oder gegen Gott ist letztlich – auch philosophisch gesehen – ein Glaubensentscheid. Was heisst das? Es gibt nicht einfach zwingende Gründe dafür oder dagegen. Man kommt auf Grund von Überlegungen vielfach nicht weiter. Man bleibt in der Analyse stecken. Diese wird zum Sackbahnhof. Die Entscheidung für oder gegen Gott ist also nicht das Resultat breit gefasster Abwägungen. Es handelt sich um einen willentlichen Entschluss. Das ist mit Glaubensentscheid gemeint. Es werden ja immer wieder Glauben und Wissen gegeneinander ausgespielt. Wissen gilt als einwandfrei belegte und gar experimentell abgestützte Erkenntnis. Glauben wird dagegen mit Vorliebe als simples und naives Meinen abqualifiziert. Man ist doch nicht blöd. In Kriminalfilmen sucht der immer erfolgreiche Kommissar nach sicherer und unwiderleglicher Überführung der Täterschaft und verspottet Zeugen, die glauben, dieses oder jenes gesehen oder gehört zu haben. *Glauben können Sie in der Kirche!* So kommt es wortwörtlich daher. Damit wird der religiöse Glaube als menschliche Uneinsichtigkeit abgewertet und belächelt. Glauben ist nach dieser Abschätzung die Tätigkeit der Dummen und Unmündigen, die im Dunkeln stochern, selber nicht weiterkommen, sich gern von aussen und von andern führen lassen und die Verantwortung delegieren.

Glauben heisst aber nicht etwas für wahr halten, was man nicht einsieht. Glauben beginnt in Wahrheit nicht dort, wo die Vernunft nicht mehr weiter kommt. Glauben tritt nicht erst dort in Funktion, wo der Mensch an seine Grenzen kommt, wo Rätsel übrig bleiben. Gott ist kein Lückenbüsser. Glauben ist ein existenzieller, geistiger Vorgang auf einer ganzheitlichen Ebene. Glauben kann man analog auch definieren, wie es Immanuel Kant 1784 für die geistige Revolution der Aufklärung postuliert hat. Kant wollte den Menschen aus seiner selbst verschuldeten Unmündigkeit herausführen und zu kritischem Denken anregen. Angeregt von Kant liesse sich Glauben so definieren: Sich selber aus einer Unmündigkeit und Bevormundung losbinden, die letzte Fragen nach Ursprung, Sinn und Zweck unserer Existenz und das Grübeln nach Gott verpönt, und eine innere Freiheit und Unabhängigkeit im Glauben zu wagen. Zum «sapere aude» von Kant (in freier Übersetzung: Habe Mut, dich deines eigenen Verstandes zu bedienen) könnte man hinzufügen: Credere aude – wage zu glauben! Wobei Glauben und Wissen nicht gegeneinander ausgespielt werden. «Kredit» kommt von *credere*. Glauben und Vertrauen sind fast dasselbe. Man gibt und empfängt Kredit, wenn man Vertrauen hat. Die Finanzwirtschaft ist weitgehend eine Vertrauenssache. «Wir glauben mehr, als wir wissen», diesen Satz lässt der **Schriftsteller Martin Walser (geb.** 1927) eine seiner Gestalten sagen.

Abgesehen von diesen Alternativen besteht natürlich auch die Möglichkeit, die Gottesfrage einfach offen zu lassen. Oder noch weniger: Man tritt gar nicht auf sie ein, weil sie einen nichts angeht. Und dies ist wohl, wie schon angetönt, eine verbreitete Einstellung. Der ärgste Feind der Gottesproblematik ist heutzutage nicht der Atheismus, sondern das Desinteresse. Gott ist weit verbreitet schlicht und einfach kein Thema. Und schon gar keine Betroffenheit. Aber genügt es, sich und andere damit in Ruhe zu lassen? Diese quasi atheistische Behaglichkeit stachelte den französischsprachigen Schweizer **Schriftsteller Charles Ferdinand Ramuz (1878–1947)** an, dessen Bild die 200-Franken-Note ziert, und er drückte seine Empfindung aus. Sie war unlängst im bequemen Abteil der Schweizerischen Bundesbahn als Wandinschrift zu lesen: «Je comprends très bien qu'on soit athée; je ne comprends pas qu'on soit content d'être athée.» (Ich verstehe sehr gut, dass man Atheist sein kann; aber ich verstehe nicht, dass man zufrieden sein kann, Atheist zu sein.) Beim **Dichter Klaus Merz (geb.** 1945) finden wir diesen Befund in knappen Worten hintergründig verdichtet:

«Für uns ist Gott Luft. Wir atmen ihn ein.»

Nochmals: Der Glaube an Gott fordert einen Entschluss heraus, einen willentlichen Akt, einen Sprung ins Risiko. Oder wenn Sprung und Risiko zu hoch greifen mögen: Glauben ist auf jeden Fall eine spezielle Form des Denkens und Überlegens, des Empfindens und Fühlens. Am besten lässt sich dies mit der Erfahrung der Liebe vergleichen. Ich kann an einem Menschen vieles sympathisch und ansprechend finden, seine äussere Gestalt, seine Schönheit und spontane Attraktivität, die Art seines Benehmens, die charakterlichen und intellektuellen Vorzüge, die Fähigkeit auf Menschen einzugehen. Ich schätze einen Menschen, der erfolgreich und tolerant, zuvorkommend und hilfsbereit ist, gepaart mit Charme. Die Liebe aber lässt sich nicht durch Addieren verschiedener positiver Elemente schlüssig herbeiführen, geschweige denn zwingen. Die Liebe ist nicht etwas, das noch dazukommt, sondern eine ganz andere Dimension, die den Partner oder die Partnerin nicht aufgrund ihres Erfolgs und ihrer Brillanz ins Herz schliesst, sondern auch mit seinen Schwächen akzeptiert. Ein anderes Beispiel: Mitleid ist eine lobenswerte Tugend, aber noch lange keine Liebe. Die Liebe bleibt ein freier und letztlich unerklärlicher Entscheid, verborgen und begründet im unauslotbaren Geheimnis der Anziehungskraft zwischen menschlichen Personen. Die Liebe vollzieht sich als beglückendes Wagnis und erhält gerade dadurch ihre Attraktivität und Würze, dass sie eben nicht das logische Ergebnis einer Häufung von positiven Faktoren ist. Also nicht eine unabwendbare Schlussfolgerung, sondern ein geschenkter, vielfach spontaner, aber freier Schritt, das ist Liebe.

Ähnlich verhält es sich mit dem, was wir Hoffnung nennen. Für das Gegenteil von ihr lässt sich vieles ins Feld führen und privat oder öffentlich ins Unermessliche anhäufen. Verzweiflung wird aber doch eher als ein Kapitulieren, als ein sich Gehenlassen wahrgenommen, während das Durchhalten von Hoffnung als respektheischender Willensakt gewürdigt wird. Auf alle Fälle ist auch die Hoffnung nicht einfach die zwingende Folgerung von positiv aufrichtenden Elementen, die in der Waagschale den gewichtigen Ausschlag geben, so unabdingbar diese für die Entscheidungsfindung hintergründig auch sein mögen. Wer in einer tiefen Depression steckt, lässt sich nicht durch Wiederholung von Zuspruch und Zuwendung aus dem Loch ziehen, auch wenn diese als unverzichtbare Basiselemente ihre heilsame Wirkung entfalten können. Befreiend und überzeugend bringt erst ein Entscheid den Durchbruch. Ist aber hier Entscheid der richtige Begriff? Eher ist es in diesem Fall die als Geschenk erfahrene innere Lockerung, die persönlich aufgenommen und angenommen wird und so doch auch in einen urpersonalen Vorgang mündet. Die Befreiung aus diesem Tief ist oft ein nicht erklärbarer Lebensaufbruch, vereint mit inwendigen, aus einem Grundwasser gespeisten Kräften und äusseren Hilfestellungen, aber letztlich doch ein personales Geschehen, das wieder zum Glauben an sich selber führt.

Vertiefen wir diese letzten Überlegungen. Wir erleben die seelischen Abläufe, die wir mit Entscheid oder personalem Vorgang bezeichnet haben, einerseits als genuin eigenständig und sehr persönlich. Andrerseits offenbaren sie sich immer auch als Geschenk. Was besonders gelungen und beglückend erscheint, manifestiert sich als etwas, das uns gegeben wird und nicht verdient oder organisiert werden kann. Da leuchtet die Dimension der Transzendenz auf, also das, was die normale Erfahrung und Sinneswahrnehmung «übersteigt», was das lateinische Verb *transcendere* bedeutet. Der theologische Begriff dafür ist Gnade.

Die bekanntesten und einleuchtendsten Einwände gegen Gott werden von der sogenannten *Theodizee-Frage* eingebracht. Mit dieser wird gefragt, wie sich das unermessliche Leid in der Schöpfung und insbesondere in der Geschichte der Menschheit mit einem liebenden und gütig fürsorgenden Gott vereinbaren lasse. Am schlimmsten sind die immensen Verbrechen von Menschen gegen Menschen. Zugespitzt wird dies auf die Frage: Kann man nach Auschwitz noch an Gott glauben? Wobei man mit dieser griffigen, leider unterdessen leicht abgegriffenen Formulierung den unzähligen Opfern vor, nach und ausserhalb des unbestritten ungeheuerlichen und einmaligen Genozids an den Juden auch nicht gerecht wird. Und was spricht mehr gegen Gott: die menschliche Bosheit oder die kreatürlichen Defizite wie Krankheit und Tod oder Naturkatastrophen?

Spricht und schreibt man von Argumenten, die gegen die Existenz Gottes ins Feld geführt werden, geht es um ein bestimmtes Gottesbild. Der traditionell militante Atheismus revolutionären Formats, der sich gegen einen dominanten und fordernden Gott stellt, schafft einen persönlich gedachten Gott ab. Das liegt in der Natur der Sache. Der Atheismus, der sich aus der Theodizee-Frage speist, verneint die Existenz eines persönlichen Gottes, der Unheil und Übel, aber vor allem die Bosheit der menschlichen Kreatur nicht verhindert beziehungsweise diese schalten und walten lässt, ohne einzugreifen. Das kann man nicht leichtfertig beiseitewischen. Die Gottgläubigen geraten in Erklärungsnöte. Doch ist es leider so, dass mit der Personalität Gottes eine traditionelle, aber fragwürdige Vorstellung von der Allmacht Gottes daherkommt, die fast folgerichtig in Gott

Unberechenbarkeit und Willkür hineinlegt. Allmacht heisst demnach: Gott kann oder könnte alles, und er macht, was er will. So drängt sich das Bild von Gott auf, der gleichsam am Schaltpult des menschlichen Bahnhofs erhöht thront und den Überblick wahrt. Um beim Bild zu bleiben: Er lässt die Züge abfahren und ankommen, stellt die Weichen, lässt die Signale Grün und Rot aufleuchten. Gelegentlich und nicht zu selten lässt er aus einem Einfall oder einer Laune heraus zwei Züge kollidieren, obwohl er den Aufprall verhindern könnte. Aber er tut es nicht. Er gibt den Katastrophen ihre Möglichkeit. Warum? Einfach weil es ihm anscheinend passt. Wie der Wächter eines Konzentrationslagers, der mal Menschlichkeit walten lässt, um anderntags bei anderer Gelegenheit wieder brutal zuzuschlagen. Rechenschaft ablegen muss er sowieso keine. Die Gottesverteidiger bemühen dann trotz allem seine Fürsorge und Barmherzigkeit. Gott lässt es halt zu, ist eine beschwichtigende Redewendung. Unter diesen wuchtigen und oft abrupten Zuschlägen wolle Gott uns doch nur prüfen. Aber was soll das, und was heisst eigentlich prüfen! Und warum ist er bei diesem Prüfen so selektiv? Wie soll ich um alles in der Welt willen glauben, dass Gott mich gerade liebt, weil er mich leiden lässt, während er unzählige andere verschont! Da hat es ein diffuses Gottesbild leichter. Ein uruniversales anonymes Einheitsprinzip, das für die Mangelerscheinungen des Kosmos und die Turbulenzen des Weltgeschehens nicht verantwortlich gemacht werden kann, ist davon kaum betroffen. Das schreckliche Erdbeben von Lissabon im Jahr 1755, bei dem auf einen Schlag 30 000 Menschen ums Leben kamen, erschütterte die damalige optimistisch gestimmte

Gesellschaft und erhitzte die Theodizee-Frage. Kant meinte indes trocken, man solle Gott nicht zur Rechenschaft ziehen. Die Menschen selber wären das Risiko eingegangen, auf erdbebengefährdetem Gebiet eine Grossstadt zu bauen. – Halten wir fest: Gott will eine Schöpfung, die notwendigerweise endlich, vergänglich und defizitär ist. So kann er auch nicht jede Naturkatastrophe und Krankheit verhindern. Und Gott will den freien Menschen und die mit Freiheit verbundene Eigenverantwortung. So kann er auch nicht die Bosheit und die Verbrechen verhindern. Die Frage nach dem Ursprung des Bösen ist damit nicht beantwortet. Es gibt auch keine Antwort darauf.

Aber es müssen gar nicht Katastrophen und Unglücksfälle, Kriege und Krawalle, Mord und Intrige sein. Jede menschliche Erfüllung hat ihren Preis, den andere bezahlen. Dafür gibt es viele Varianten: Sich verausgaben, für andere da sein. Das zehrt alles an der Substanz und erzeugt unaufhörlich Leid. Wie oft bleiben Menschen ausgelaugt als Wracks am Wegrand zurück, ausgeplündert, mit der bitteren Frage: Wozu das alles? Der Mensch lebt von der Tierwelt, und die Tiere jagen und fressen einander. Sie bringen einander, von aussen betrachtet, sinnwidrig brutal um, wenn männliche Raubtiere auf der Suche nach einer weiblichen «Partnerin» vorerst deren Jungtiere aus früheren Verbindungen liquidieren. (Nebenbei: Politische Dynastien oder Clans verhalten sich bei der Machtübernahme oft gleich und beseitigen auch physisch die gestürzten Eliten samt Nachwuchs.) Dieser gefrässige und oft auch irrwitzige Zyklus der Natur ist unersättlich und unerbittlich. Keine Befriedungsvision wird je imstande sein, diesem alles verschlingenden Moloch des

Werdens und Vergehens den gierigen Rachen zu stopfen. Ein effizienter Antizyklus gegen diesen tödlichen Strudel ist für uns biologisch unvorstellbar. Der Gedanke an einen Gegenkreislauf, der nur Leben produziert, müsste das Leben selbst sein. Damit stehen wir wieder mitten in der Gottesfrage. Im christlichen Gottesverständnis fällt Jesus dem Rad des Verderbens in die Speichen – um den Preis seines eigenen Lebens. Das Geheimnis ist gross.

Wir tun uns im Rahmen des Theodizee-Problems vielleicht leichter mit Menschen, die ausgestattet sind mit Einsicht, deren Leben durch schwere persönliche Schuld zuschanden kam oder gar zerstört wurde. Da bleibt bei einzelnen Delikten die Chance auf Reue, auf Umkehr, durch Sühne, durch Läuterung und spätere Reifung als Bausteine für ein neues Leben und allenfalls eine künftige jenseitige Existenz. Schwieriger wird es bei wiederholten und schlimmsten Verbrechen. Das christliche Bekenntnis zur *Auferstehung des Fleisches* besagt, dass die irdische Biografie Endgültigkeitswert und Würdigung erfährt. Wie soll man sich eine entsprechende Generalsanierung vorstellen? Von historischen Massenschlächtern ganz zu schweigen. Aber die Botschaft Jesu ermuntert uns auch, an den Möglichkeiten Gottes nicht zu zweifeln. Kriminelle Existenzen werfen noch andere Fragen auf nach freiem Willen und Schuldfähigkeit. Abstammung, Vererbung und Umfeld generieren so viele Faktoren, die die Willensfreiheit arg in Zweifel ziehen.

Auf die Frage nach Gott und dem Leid addieren sich auch die unzähligen Formen von Lebensunlust, Frustrationen, Suchtverhalten, Verbitterungen, die unzählige Menschen jedes Alters, auch solche von weitgehend gelungener Lebensleistung bedrängen. Die Heimsuchung durch Sinnlosigkeit wütet oft am meisten, wo die Sinnlosigkeit nach aussen gar nicht zum Vorschein kommt. Die Sprachlosigkeit bei Suiziden spricht Unausgesprochenes an. **Ricarda Huch (1864–1947)** hat dieses Thema aufgegriffen: «Nicht alle Schmerzen sind heilbar, denn manche schleichen sich tiefer und tiefer ins Herz hinein, und während Tage und Jahre verstreichen, werden sie Stein.» – Beschliessen wir dieses Kapitel mit Versen von **Hermann Hesse (1877–1962)**, die eine verbreitete Erfahrung und ein Grundgefühl von Verlorenheit aufnehmen und doch in Hoffnung münden:

«Ich weiss, an irgendeinem fernen Tag
Wird alles Gute, das in mir gefangen
An stillen Ketten müd und tatlos lag,
Zu Licht und Tat und Herrlichkeit gelangen.

Ich weiss, dann wird Er, den ich tief geahnt,
Der unbekannte Gott mir still begegnen
Und auf die Stirn mir legen seine Hand
Und gütig mich mit Seinem Frieden segnen.»

Der deutschsprachige jüdische **Schriftsteller Franz Kafka (1883–1924)** fasste das vielfach verschüttete Urvertrauen mit einem Aphorismus in folgende Worte:

«Der Mensch kann nicht leben ohne ein dauerndes Vertrauen zu etwas Unzerstörbarem in sich, wobei sowohl das Unzerstörbare als auch das Vertrauen zu ihm dauernd verborgen bleiben können. Eine der Ausdrucksmöglichkeiten dieses Verborgenbleibens ist der Glaube an einen persönlichen Gott.»

Die Frage nach Gott angesichts des Todes Jesu

Nochmals: *Kann man nach Auschwitz noch an Gott glauben?* Die Antwort heisst: Ja. – Warum? *Weil in Jesus Gott selbst in Auschwitz war.* Der Auschwitz-Überlebende und Friedensnobelpreisträger von 1986 **Elie Wiesel (1928–2016)** war im KZ Augenzeuge einer Hinrichtung am Galgen auf Befehl des Kommandanten. Unter den Todeskandidaten war ein Kind. Elie Wiesel hörte hinter sich eine Stimme stöhnen: «Wo ist Gott?» In seinem Inneren vernahm er eine Stimme: Dort, am Galgen hängt Gott. Das war eine prophetische jüdische Stimme. Wenn wir sagen, dass in Jesus Gott selber in Auschwitz war, soll das nicht das Schicksal der Juden irgendwie christlich vereinnahmen, obwohl Jesus bekanntlich ein Jude war. Aber es soll nicht verwehrt sein, auch vom christlichen Standpunkt aus dem Ungeheuerlichen eine Stimme zu geben. Und genau dies macht auch manifest, dass der Antijudaismus der christlichen Kirchen durch alle Jahrhunderte eine schreckliche Verirrung war, ein Verrat am Tod Jesu, die dunkle Seite des Christentums. **Edith Stein (1891–1942)** erlebte am eigenen Leib die jüdisch-christliche Tragödie. Sie stammt aus einer jüdisch-orthodoxen Familie in Breslau, emanzipierte sich, verstand sich zeitweilig als Atheistin, konvertierte als hochkarätige Philosophin 1922, in einer Zeit, in der Europa bereits stark antisemitisch verseucht war, zur katholischen Kirche und trat schliesslich in den Karmelitinnenorden ein.

Sie blieb aber zeitlebens dem jüdischen Volk verbunden, schrieb im April 1933 kurz nach den ersten Ausgrenzungs- und Boykottmassnahmen gegen die Juden in Deutschland vergeblich an **Papst Pius XI.** (**1922–1939**), etwas Tatkräftiges zugunsten der Juden zu unternehmen, auch in der brennenden Sorge um «das Ansehen der Kirche». Sie wurde nach einem Zufluchtsaufenthalt in Holland im KZ Auschwitz-Birkenau ermordet. 1998 heiliggesprochen, wurde sie 1999 zur «Patronin Europas» erkoren. Der katholische **Theologe Johann Baptist Metz (geb. 1928)** weist eindrücklich auf diesen verdrängten Sachverhalt hin. Gewiss, der Hinweis von Auschwitz auf das Todesschicksal Jesu ist ein Sprung auf eine andere Ebene. Da kann man sich nicht hinüberphilosophieren. Keine verschlungene intellektuelle Gedankenakrobatik macht das möglich. Aber auch nüchterne Gedankenarbeit ist hier am Platz. Sie setzt indes einen Entscheid voraus. Und einen klar christlichen Entscheid. Damit sind wir flugs bei der Religion, der Theologie, beim Glauben angelangt, allerdings mehr noch: beim absolut genuin Christlichen, das in den anderen Weltreligionen keinen Platz und keine Parallele hat. Wir sind beim Karfreitag angekommen. In Jesu schrecklichem Kreuzestod wird offenbar, dass *Leiden und Sterben in Gott selbst anwesend* sind. Gott ist davon betroffen. Das ist die Botschaft vom Kreuz. Der verzweifelte Ausruf Jesu in seiner Todesnot: «Mein Gott, mein Gott, warum hast du mich verlassen?» wird von den Evangelisten Matthäus und Markus pointiert in Jesu aramäischer Muttersprache übermittelt (Mt 27,46; Mk 15,34). Unsere Erfahrung im Umgang mit dem Tod zeigt, dass sterbende Menschen oft wieder zu Urlauten ihrer angeborenen, dialektgefärbten Sprache finden oder gestandene Persönlichkeiten in ihrer Todesnot nach den Eltern rufen. Es fällt aber auf, dass Jesus in der äussersten Trennung Gott nicht mit dem vertrauten «Abba» (Papa) anspricht, wie er es in seiner Todesangst am Ölberg tut (Mk 14,36). Die Todesangst und der Tod des Sohnes Gottes, die Entleerung Gottes (Phil 2,7) im Schicksal des Jesus von Nazaret legt im christlichen Gottesverständnis die Erfahrung der Gottlosigkeit in die Biografie Gottes selber hinein. Nach dem Markusevangelium stirbt Jesus einfach mit einem lauten Schrei (Mk 15,37). Das Leben Jesu endet mit einem Schrei. Ein Schrei des Scheiterns. Ein Schrei der Gottferne, der *Gottesfinsternis*, um mit dem jüdischen **Religionsphilosophen Martin Buber (1878–1965)** zu sprechen, wobei für Buber als Gegenstück *Gottesgeheimnis* steht. Der Schrei Jesu ins Leere und in die Finsternis – eine ungeheure Aussage. Die ganze

Wucht der karfreitäglichen Gottvergessenheit Jesu kann nur vom Kontrast der von ihm vielfach bezeugten Nähe bis zur Identität mit Gott gewürdigt werden. Das Gegenstück ist die Euphorie, die Jesus einmal überfällt. Er ruft *voll Freude* aus – eine einmalige Beschreibung – und preist die einzigartige Beziehung zum Vater (Lk 10,21f.).

Es fällt auf, wie auch in der christlichen Theodizee-Debatte über die Frage nach Gott und dem Leid diese alles umwerfende Nachricht über die Entäusserung Gottes im Tod Jesu kaum aufgenommen wird und Gott oft weitgehend in der Rolle des Zuschauers verbleibt, der zwar nicht unbeteiligt ist, aber eben die Menschen so unverständlich menschenverachtend prüft. Angeblich meint er es doch nur gut, wie vorhin schon eingebracht. Und alles geschehe zu unserem Besten. Nun, wir wollen das erschütternde Zeugnis des alttestamentlichen Ijob nicht abwerten, der ob den auf ihn niederprasselnden Schicksalsschlägen schliesslich zum gottergebenen Gebet findet: «Der Herr hat gegeben, der Herr hat genommen, der Name des Herrn sei gepriesen!» (Ijob 1,21). Aber Ijob rebelliert auch gehörig und hadert zünftig mit Gott. Er rechtet mit dem abwesenden Gott, der sich vor ihm verbirgt (Ijob 23,3-17). Aber der geheimnisvolle Gott rechtfertigt sich, indem er keine Rechenschaft schuldig ist. «Wo warst du, als ich die Erde gegründet? Sag es denn, wenn du Bescheid weisst!» (Ijob 38,4) Der hart geprüfte Mann muss auch erleben, wie seine Freunde ihn mit Unverständnis und Vorwürfen überhäufen. Seine Frau kann das Ganze auch nicht verstehen und fordert ihren geschlagenen Mann auf: «Fluche Gott ...» (Ijob 2,9). Aber da schlägt sich gegen Schluss Gott selber auf die Seite Ijobs und weist dessen Freunde zurecht, «denn ihr habt nicht recht von mir geredet wie mein Knecht Ijob» (Ijob 42,7). Das Buch Ijob bearbeitet das Theodizee-Problem. Die Infragestellung Gottes und die Opposition gegen Gott haben ein biblisches Fundament.

Das Entscheidende, warum es sich lohnt ein Christ zu sein, geht in der Theodizee-Debatte meist unter. Ein Kommentar zu einer Gedenkrede eines christlichen amerikanischen Politikers zum Holocaust im Frühjahr 2015 hat diesen tragischen Sachverhalt wieder einmal mehr bestätigt. Der Holocaust habe Gott in Erklärungsnot gebracht. Man sollte, las man da wörtlich, über den Völkermord nicht «unter dem Schirm eines auf seinem Himmelsthron unerschüttert christlichen [sic!] Gottes» reden. Danach kommt in diesem Aufsatz nichts mehr. Man kann nicht mehr danebenschreiben und die christliche Botschaft nicht ärger missverstehen. Da bleibt einem alles im Hals stecken, und da drängt sich die Frage auf: War denn alles umsonst? Warum? Weil diese Meinung alles andere als ein Einzelfall ist. Wie kann man nach zweitausend Jahren christlicher Generationen bei diesem Bild vom *unerschütterten* Gott landen? Genau das Gegenteil einer solchen Vorstellung ist wahr. In Jesus von Nazaret vernehmen wir die Erschütterung Gottes höchst persönlich. Weil in der Ohnmacht des Jesus von Nazaret Gott selbst ein Opfer menschlicher Bosheit und Niedertracht wurde und in totale Gottferne abstürzte, eröffnet die christliche Botschaft einen Ausweg aus Leid, Schmerz und Tod. Das Lukasevangelium überliefert ein zusätzliches letztes Wort Jesu: «Vater in deine Hände lege ich meinen Geist» (Lk 23,46). Das bekannte Passionslied «O Haupt voll Blut und Wunden» von **Paul Gerhardt (1607–1676)**, das in Bachs Matthäuspassion aufgenommen wurde, bringt diese Gottesdramatik im menschlichen Schicksal unvergleichbar einmalig in einer Strophe zum Ausdruck:

> «Wenn ich einmal soll scheiden
>
> So scheide nicht von mir
>
> Wenn ich den Tod soll leiden
>
> So tritt du dann herfür.
>
> Wenn mir am allerbängsten
>
> Wird um das Herze sein
>
> So reiss mich aus den Ängsten
>
> Kraft deiner Angst und Pein.»

Gewiss, wir haben in der Geschichte der christlichen, nicht zuletzt der katholischen Spiritualität und in der gelebten, nicht aufgeschriebenen Frömmigkeit eine intensive Mystik der Nachfolge und des Leidens Christi, angefangen bei Paulus (2 Kor 1,3–5). Um ein weiteres Beispiel zu nennen: Der Eremit und Mystiker **Niklaus von Flüe (1417–1487)** brachte dieses Geheimnis in einem Brief auf den Punkt:

«Ihr sollt auch das Leiden Gottes im Herzen tragen, denn es ist des Menschen grösster Trost in seiner letzten Stunde.»

Der Widerstandskämpfer und Märtyrer der Nazityrannei, **Dietrich Bonhoeffer (1906–1945)**, formulierte es so: «Nur der leidende Gott kann helfen.» Das bedeutet, dass der Glaube den Menschen an die Ohnmacht Gottes verweist. Die Erfahrung der Gottferne und Sinnleere gehört auch zur Biografie von Mystikern und religiös höchst engagierter Menschen. Das jüngste Zeugnis dafür zeigen die veröffentlichten Aufzeichnungen der **Mutter Teresa von Kalkutta (1910–1997)**, die am 4.9.2016 von Papst Franziskus heiliggesprochen worden ist.

Da zeigt sich der Unterschied zur oben beschriebenen *Gott-ist-tot-Theologie* der Nach-68er-Jahre. Nach dieser löscht der Tod Gottes die Personalität Gottes aus. Aber die Passion Jesu zeigt, dass Gott nicht einfach tot ist und abserviert wird, sondern offenbart das Paradoxe, dass *der Tod zum Leben Gottes gehört*, im Wesen Gottes unwiderruflich verwoben ist. Das Geheimnis Gottes wird dadurch im wahren Sinn des Wortes abgrundtief. Der evangelische **Theologe Jürgen Moltmann (geb. 1926)** hat sich intensiv mit der Gottverlassenheit Jesu befasst, was in den pointiert formulierten Buchtitel «Der gekreuzigte Gott» eingegangen ist. Da geht es nicht um die Frage, was der Tod Jesu für die Menschheit bedeutet, sondern was der Tod Jesu über Gott selber aussagt.

In der offiziellen christlichen Verkündigung fehlt mir die ungeheure Bedeutung der Aussage des Todes Gottes im Sterben des Jesus von Nazaret. Da bleibt für mich vieles faktisch ausgeklammert. Es dominierte der Aspekt der Erlösung von Schuld und Sünde durch den schuldlosen Sohn Gottes, wie er sich durchaus durchs Neue Testament zieht. Der Tod Jesu befreit uns aus dem Tod kraft Jesu Auferweckung. Dem ist nichts beizufügen. Leider wurde bei den Kirchenvätern, im Mittelalter und in der Reformation die Satisfaktionstheologie nach Mass und Gewicht aufgerechnet. Die Sünde des Menschen hat den unendlichen Gott beleidigt, ein Majestätsverbrechen, das nicht gesühnt werden kann, es sei denn durch eine unendliche Sühne, die nur der Sohn Gottes zu leisten imstande ist. Da liegt der Gedanke nicht mehr fern, hinter Gott Vater einen unerbittlichen Rächer zu wittern, der bedingungslos will, dass das Blut seines Sohnes fliesst. Gott zürnt und lässt sich nur durch den grässlichen Tod seines Sohnes besänftigen. Dann ist er endlich zufrieden. Mit einer solchen Perspektive kann man Gottsucher nur abschrecken. Hilfreicher als Sühne ist Resozialisierung. Dieser Grundsatz hat sich in unserer Rechtsprechung herumgesprochen. Warum sollte dies nicht auch für die Heilsökonomie Gottes gelten? Wie soll überhaupt ein endliches Geschöpf eine unendliche Beleidigung begehen können?

Vom Vater, der unerbittlich den Tod seines Sohnes fordert und eine unendliche Sühne verlangt, ist im Neuen Testament nichts zu lesen. Jesus spricht ständig den Vater an, zieht sich allein ins Gebet und in die Meditation zurück. Der Vater spricht in den Evangelienberichten den Sohn nur bei der Taufe direkt an. Bei der Verklärung stellt er dem überwältigten Dreierkollegium den Sohn vor. Die drei synoptischen Evangelisten berichten fast identisch über die beiden Episoden. Wir nehmen das Markusevangelium heraus. Bei der Taufe sagt die Stimme: «Du bist mein geliebter Sohn, an dir habe ich Gefallen gefunden.» (Mk 1,11) Bei der Verklärung, wo eine Wolke einen Schatten auf die überforderten Apostel wirft, sagt die Stimme: «Das ist mein geliebter Sohn, auf ihn sollt ihr hören.» (Mk 9,7) In der Todesangst am Ölberg, wo Jesus den Vater dreimal flehentlich bestürmt, und im Aufschrei der Gottverlassenheit am Kreuz bleibt der Vater stumm. Er schickt lediglich einen Engel (Lk 22,43). Gott hüllt sich in Schweigen.

Das Heilsdrama wurde zusätzlich durch einen Krimi zwischen Gott und Teufel ausgeschmückt. Der böse Feind meinte, den Endsieg davonzutragen, als er mit seiner Bosheit Christus ans Kreuz brachte. Aber er wurde von Gott überlistet. Mit dem Tod des Sohnes Gottes wurde der grosse Satan übertölpelt. Er hat sich in seiner abgrundtiefen Bosheit überfressen und ging dabei zugrunde. Recht ist ihm geschehen. Das war es dann. Im *risus paschalis*, dem Osterlachen, einem mittelalterlichen Brauch, wird das Happy-End gefeiert. Der Teufel hat gemeint, er hätte gewonnen. Aber nichts damit. Ganz anders ist es herausgekommen. Der Teufel hat eine höchst peinliche Schlappe eingefahren. Am besten, er versteckt sich und lässt sich nicht mehr blicken. Er ist zu einer lächerlichen Figur geworden. Er muss sich in den Tod hinein schämen. Der Spott ist ihm gewiss. Da ist Schadenfreude christlich am Platz und erlaubt. Den Ostersieg kann und soll man am besten mit einem schallenden Gelächter quittieren. Aber eben, anderes Wesentliches kommt zu kurz. Statt immer von Sühne oder Satisfaktion zu reden, ist es hilfreich und ansprechender, die *Stellvertretung* und *Solidarität Jesu mit der Menschheit* hervorzuheben.

Sind wir jetzt methodisch von einer korrekten Darstellung der Gottesproblematik abgewichen? Statt treu bei der Philosophie zu bleiben, haben wir theologische Aussagen vorweggenommen. Das stimmt. Aber wir dürfen die Aussagen des Neuen Testaments, die darin überlieferten Worte Jesu, die in vielem ebenso authentisch sein dürften wie die Redewendungen eines Julius Cäsar oder die rhetorischen Stilblüten eines Cicero, auch unabhängig von einem christlichen Glaubensbekenntnis betrachten. Wir nehmen sie einfach als Zeugnis zur Gottesthematik im Lauf der Geschichte. Da darf man feststellen, dass im Dokument des Neuen Testaments, das zwar zugegebenermassen dem Glauben der jungen Kirche entsprang, in der Porträtierung der Person Jesu Aussagen über Gott gemacht werden, die in der Weltliteratur zum Thema Gott nirgends in dieser Art zu finden sind. Leiden und Tod gehören zu Gott. *Im Tod Jesu stirbt Gott.* Das ist die alles umwerfende Mitteilung. Und man darf das nicht, huschhusch, mit Ostern gleichsam wieder rückgängig machen. Da wird überhaupt nichts rückgängig gemacht. Es ist nach den neutestamentlichen Berichten über die Auferweckung Jesu mit Gott nichts mehr, wie es vorher war. Die Merkmale des Todes gehen in die Ewigkeit ein. Das steht auch explizit im neutestamentlichen Zeugnis (Joh 20,24–29). In seinen Wunden, auf die Jesus nach der Auferstehung ausdrücklich hinweist und die auch für den Apostel Thomas wichtig sind, ist und bleibt Gott selbst in Jesus für immer ein Gezeichneter. Er ist erbarmungslos unter die Räder geraten, in den bodenlosen Abgrund von Bosheit, Feigheit und Gemeinheit geschleudert worden. Der auferstandene Christus tritt in der künstlerischen Darstellung immer mit seinen Wundmalen auf. Auch dort, wo er mit der Siegesfahne triumphierend dargestellt wird.

So werden gleichsam über Ostern die gängigen Formeln von Allmacht, Allwissenheit und Unveränderlichkeit Gottes über den Haufen geworfen. Aber unberührt von der Tragik des Karfreitags wurden diese angeblichen Eigenschaften Gottes in den kirchlichen Dogmatikbänden abgehandelt, als ob nichts geschehen wäre. In der Bibel des Alten und des Neuen Testaments wird Gott äusserst dynamisch vorgestellt. Jahwe und Jesus erwählen, locken, werben, lieben, drohen, zürnen, weisen zurück, lehnen ab, verstossen, bereuen, beweinen und erbarmen sich wieder. Dieses biblisch-jüdische und neutestamentliche Erbe eines lebendigen und farbigen Gottesbildes trat in den geistigen Auseinandersetzungen um das Wesen der Person Jesu im Umfeld vor allem der frühen Konzilien in Nizäa 325 und in Chalzedon 451 in den Hintergrund. Das biblische Gottesporträt, die unternehmungslustigen Eigenschaften Gottes wurden in der folgenden traditionellen, über das Mittelalter bis in die neueste Zeit unter dem Primat der griechischen Philosophie wirksamen Theologie, als «anthropomorphe» (=menschenförmliche, vermenschlichte) Gottesvorstellungen kritisch begutachtet und kamen dann in die philosophisch-chemische Reinigung, aus der ein glasklares, ungetrübtes Gottesbild hervorging. Dabei wurden diese festgefügten Gottesvorstellungen auch bereits und am radikalsten im Prozess Jesu und am Kreuz Jesu zertrümmert. Von diesen verstaubten und russgeschwärzten Gottesdenkmälern bliebe eigentlich kein Stein auf dem andern. Aber weit gefehlt. Nach dieser bedauerlichen Zwischenstation am Stadtrand von Jerusalem ging man wieder zur Tagesordnung über. Zwar nicht ganz. Denn es wurde stetig bekannt, dass wir durch den Tod erlöst sind. Insofern ist die Liebe Gottes zu uns offenbar geworden. Das schon. Und das ist gewiss viel. Dass Gott Liebe oder die Liebe ist, gehört schliesslich auch zum Inhalt anderer Religionen. Aber das Drama von Golgota sagte nichts darüber hinaus, über Gott selbst aus. Der sei und bleibe ja angeblich unveränderlich. Nur, was heisst das? Damit soll nicht etwa gesagt sein, dass mit dem Ernstnehmen des tödlichen Schicksals Jesu alles, was die Frage nach Gott betrifft, einsichtig würde oder gar plausibler. Das Rätsel wird nicht gelöst, die Verhüllung nicht gelüftet, der Schleier des Uneinsichtigen nicht weggenommen, das Verborgene wird nicht offenbar. Auch der Grund menschlicher Abgründigkeit klärt sich nicht auf. Irgendwie präsentieren sich Schuld und Leid als noch grotesker und schlimmer. Aber die nicht bloss mitleidende, sondern selbst leidende Anwesenheit Gottes in der Katastrophe enthält den Keim bergender Nähe, des Aufgangs im Untergang, des Aufgehobenseins im Absturz. Jesus stürzte auf Gott zu, und mit ihm werden auch wir von Gott aufgefangen. Tröstlicheres gibt es nicht auszurichten. Das genügt. Nochmals: Das Geheimnis Gottes wird folgerichtig im Tod Jesu noch grösser, undurchdringlicher, überwältigend. Und es verbietet, die alten gedanklichen Kategorien über Gott einfach nur zu wiederholen und weiterzusagen. Es eröffnet neue Dimensionen, Anregungen, Ausblicke. Mit oberflächlicher Selbstverständlichkeit ist es vorbei. Jede Redseligkeit über Gott muss abgestellt werden, das nichtssagende

Gottesgeschwafel verstummen. Es gilt, den Atheismus viel ernster zu nehmen.

Agnostiker und *Atheisten* befinden sich angesichts des *Todes Jesu und seiner Gottverlassenheit in unmittelbarer Gesellschaft Jesu*, sofern sie unter der Abwesenheit Gottes leiden. Die Verkündigung vom Tod Jesu sagt nicht bloss etwas über die Beziehung Gottes zu uns aus. Sie gibt das Innerste von Gott selbst preis. Am Karfreitag tut Gott nicht allein etwas für uns, sondern Gott outet sich – wird selber verletzlich, tödlich verletzt. Zum Karfreitag gehört der Karsamstag, der Abstieg zur «Hölle», oder milder formuliert: in das «Reich des Todes», das so oft rituell und blutleer im Glaubensbekenntnis daherkommt. Im Klartext: Dem toten Christus bleiben die trostlosen Gefilde der Gottferne nicht erspart, gefolgt von der Solidarität mit den Verlassenen und Ausgestossenen. Dieses Drei-Tage-Geschehen der Karwoche von Tod und Auferweckung ist inzwischen dogmatisch und liturgisch intensiv aufgearbeitet worden.

Aber wie eingangs geschildert, brennt die Gottesfrage auch praktizierenden Gläubigen eher selten unter den Nägeln, obwohl es immer auch Stimmen gibt, die bekennen, dass sie ihr persönliches Schicksal nur mit immensem Gottvertrauen durchstehen und ertragen konnten. Die vielen Atheisten mit ihrer Überzeugung von der Nichtexistenz Gottes und vor allem die allermeisten Agnostiker mit ihrer als beziehungslos empfundenen Nichterkennbarkeit und Abwesenheit Gottes dürften ganz gut über die Runden kommen.

Wir gehen weiter auf das Jesus-Drama und seine Ausdeutung ein. Da wurden im früheren Schulbetrieb theologische Kämpfe ausgetragen, und man wand sich in gequälten Überlegungen, wie denn das zusammengehe, wie der menschgewordene Sohn Gottes, der ja seine göttliche Natur beibehalte, von Gott verlassen sein könne. Da versuchte man sich hilflos mit einer Stockwerkchristologie zu helfen, indem diverse Äusserungen aus der göttlichen Natur Jesu hervorgehen sollen, andere Eigenschaften und Worte aber der menschlichen Natur Jesu zugeschrieben werden. Wenn Jesus beispielsweise sagt, über das Ende der Welt wisse nur der Vater Bescheid (Mt 24,36), so kommentierte man das so, dass das eigentlich, hinter vorgehaltener Hand gesagt, nicht stimmen könne, dass Jesus eben jetzt nur als Mensch rede, etwas unglücklich und peinlich, als Gottes Sohn wisse er das natürlich schon. (Dahinter steckte so etwas wie ein Vorwurf: Wie konnte Jesus auch nur so unbedarft reden! Danach müssten die Dogmatiker das wieder ausbaden und zurechtrücken.) Man redete oder schrieb sich etwa folgendermassen heraus:

Jesus sei mit dieser kuriosen Aussage so zu verstehen wie jemand, der ein Berufsgeheimnis hat und Unbefugten ausrichtet, dass er das nicht weiss, weil er es nicht ausplaudern darf, obwohl er es natürlich kennt. Nur, was soll das? Auf diese Weise redete und schrieb man sich nämlich theologisch haargenau am Thema vorbei oder besser vom Thema weg. Man griff zu vertrauten Schablonen, versuchte Christus ins vorfabrizierte Korsett zu pressen. Man liess die theologische Brisanz der Inkarnation und des Todes Gottes links liegen. Hilflos und mutlos wagte man nicht, der Aussage vom Tod des Sohnes Gottes ins Auge zu schauen. Eigentlich hatte das **Konzil von Chalzedon** (451) den Schlüssel zum Christusverständnis geliefert mit der Formel: Eine Person in zwei Naturen, der göttlichen und der menschlichen, was zu der paradoxen Aussage führt, dass im Tod Jesu der Sohn Gottes stirbt.

Der katholische **Theologe Karl Rahner** (1904–1984) bedauerte seinerzeit, dass die Trinitätstheologie in der traditionellen katholischen Dogmatik sich ausnehme wie eine Sondereinlage, wovon die übrigen Kapitel eigentlich unberührt blieben. Gut, das war früher. Da hat sich in den letzten Jahrzehnten einiges verändert. Die Trinität wird nicht mehr als in Gott statisch, sondern als in die Menschheitsgeschichte sich hineinbegebend gewürdigt. Die «immanente» Trinität, das heisst die zum innersten Wesen Gottes gehörende Dreifaltigkeit, kommt erst in der «ökonomischen» Trinität, die sich im Erlösungswerk in die Welt ergiesst, zur Entfaltung, zum regen Austausch zwischen Gott und den Menschen. Um bei Rahner zu bleiben, hätte man ähnliches von der Erlösungslehre sagen können. Ihre Darlegung veränderte die spröden, abstrakten Reflexionen über das angeblich ewig gleiche Wesen Gottes nicht.

Das christlich-dreifaltige Gottesbild offenbart Gott aber als lebendige Gemeinschaft, als Dialog, als Bewegung des Gebens und Empfangens. Gott führt die Menschen zur Gemeinschaft, weil Erkennen und Erkanntwerden, Lieben und Geliebtwerden in Gottes Wesen selber anwesend ist. Diesbezüglich hat die sogenannte psychologische Trinitätslehre des **Augustinus** durchaus eine immerwährende anregende Aktualität: Der Vater erkennt sich im Sohn. Der Sohn ist die personifizierte Erkenntnis, er ist der Logos, wie er im ersten Kapitel des Johannesevangeliums proklamiert wird, will sagen, die Weltvernunft, das, «was die Welt im Innersten zusammenhält». Vater und Sohn beschenken sich in gegenseitiger Liebe, die Heiliger Geist heisst.

Ein personales Gottesbild postuliert aus sich heraus die Unsterblichkeit der menschlichen Seele, die Weiterexistenz der Personalität des Menschen über den Tod hinaus. Der Gedanke, dass ein persönlich gedachter Gott die von ihm geschaffenen und als Personen handelnden Menschen nach Abschluss ihrer irdischen Existenz einfach ins Nichts fallen lässt, ist schlicht unerträglich, eigentlich menschenverachtend und zynisch und letztlich auch nicht logisch. Wo Gott einfach als unpersönliches, allem einwohnendes Prinzip verstanden wird, existiert der Mensch logischerweise nach dem Tod, wenn überhaupt, auch nur in einem apersonalen kosmischen Kollektiv weiter. Viele Gottesbekenntnisse einfacher und prominenter Menschen gehen dahin: man glaube an eine höhere Macht, an einen tieferen Sinn – aber nicht an eine individuelle Existenz nach dem Tod (wird gern hinzugefügt) – einfach an ein kosmisches Urgeheimnis. Nur, was heisst das, und kann ich damit etwas anfangen? Diese Anschauung ist heute weit verbreitet. Damit kann man sich gefahrlos hören und sehen lassen und eckt nirgends an. Das liegt im Trend. Bei den Wahlen ins Schweizer Parlament und in die Landesregierung, den Bundesrat, leistet nach wie vor die Mehrheit den persönlichen Eid gemäss Reglement: «Ich schwöre vor Gott dem Allmächtigen …» Die durch den Eid vor Gott eingegangene Verantwortung wird allerdings im weiteren Politischen so gut wie nie thematisiert.

Aber muss man sich Gott überhaupt als personales Wesen vorstellen? Ja, wie denn anders, wenn man ernsthaft über Gott nachdenken will? Wenn der Glaube an einen persönlichen Gott abgelehnt oder mindestens ausgeblendet wird, ist dies vielleicht einfach auch die Aversion gegen eine schon Kindern eingebläute abwegige Vorstellung, in der die lästige und Angst einflössende Oberinstanz auftaucht, die alles hört und sieht, und der nichts entgeht, die viel verbietet und wenig erlaubt. Damit wären wir wieder bei der unverzichtbaren Unterscheidung zwischen dem *unvorstellbaren Gott* und dem *vorgestellten Gott*, wie sie vom «Neuen Atheismus» ungeduldig angemahnt wird. **Paul Celan** (**1920–1970**), der traumatisierte deutschsprachige Dichter, der durch den Holocaust unter die Räder kam und darin die Eltern verlor, spiegelte das ambivalente Gottesbild zwischen Ferne und Nähe, zwischen Absurdität und Sinnverheissung: «O Einer, o Keiner, o Niemand, o Du!» Die evangelisch geprägte *Dialektische Theologie* reflektierte diese überwältigende Spannung von Abwesenheit und Anwesenheit Gottes. Im Tod Jesu offenbarte sich Gott als der absolut «ganz Andere», wie es **Karl Barth** (**1886–1968**) formulierte.

Zweierlei ist zu beachten. Erstens handelt es sich bei allen Aussagen, die wir über Gott machen, immer nur um tastende Versuche, Annäherungen und Analogien. Das ist das Eine und kann auch nicht genug betont werden. Das gilt selbstverständlich auch für die Aussagen über Personalität. Zweitens: Warum aber soll ausgerechnet das, was zur am meisten bereichernden menschlichen Erfahrung gehört und die Kulmination des Lebens ausmacht – Glück und Erfüllung –, über Gott und das Leben über den Tod hinaus ausgeklammert werden? Konkret: die personale Selbstverwirklichung, die Selbsterkenntnis und das Selbstbewusstsein, das intellektuelle Erfassen von Gegenwart, Vergangenheit und Zukunft, der unausrottbare Verpflichtungsanspruch zur Rechenschaft über das eigene Tun, der gestaltende Wille, die kreative Liebe, die Entscheidungsfreiheit. Warum sollen wir, wenn wir von Gott oder über das Göttliche oder das Urgeheimnis nachdenken, beim *Es* bleiben und nicht von einem *Du* persönlich angesprochen und geliebt werden, vom christlichen trinitarischen Gottesverständnis her, von einem *Uns* als dem finalen Ursprung und Ziel von allem reden? Eine apersonale Aussage über Gott als numinose Klammer des Universums, als geheimnisvolle Kernkraft des Kosmos, also etwas Unbestimmtes und unbeschreibbar Nebulöses, das in allem steckt und über allem steht, sagt letztlich über Gott rein gar nichts aus und ist auch inhaltslos. Das kann man unbeschadet weglassen. Sie wird aber heutzutage oft als nicht mehr hinterfragbare Aussage vorgetragen. Aber was soll ich mit einer gestalt- und lieblosen Gottesvorstellung anfangen?

82 Von **Albert Einstein** (1879–1955) lesen wir ein ansprechendes Zeugnis über seine Religiosität:

«Das Schönste und Tiefste, was der Mensch erleben kann, ist das Gefühl des Geheimnisvollen [...] Zu empfinden, dass hinter dem Erlebbaren ein für unseren Geist Unerreichbares verborgen sei, dessen Schönheit und Erhabenheit uns nur mittelbar und in schwachem Widerschein erreicht, das ist Religiosität. In diesem Sinn bin ich religiös. Es ist mir genug, diese Geheimnisse staunend zu ahnen [...]»

Einstein enthält sich einer genaueren Beschreibung. Beeindruckend ist die Offenheit gegenüber einem absoluten Geheimnis. Er belässt es beim Staunen. Da befindet er sich in der besten Tradition der Mystik. Und das Staunen ist generell das A und O, der Antrieb des Philosophierens.

Auch da, wo der Glaube an den persönlichen Gott und der damit verbundene Glaube an eine ewige Existenz der personal ausgestatteten Geschöpfe die Basis bildet, *gerade und nur weil* der Schöpfer ein persönlicher Gott ist, bleiben die Anfechtungen nicht aus. Menschen, die sehr viel Leid erfahren haben, aber schliesslich saniert und rehabilitiert wurden, bilden nicht das Ärgernis dessen, was die Theodizee-Frage im Kern aufnimmt. Auch die in unschuldiger Gefangenschaft gestorbenen und hingerichteten Menschen, deren in feierlichen Anlässen gedacht wird und die auf diese Weise ein ehrendes Andenken nach dem Tod erfahren, liefern selbst in irdischer Perspektive einen Sinn.

Meines Erachtens sind es genau die unspektakulären oder verlorenen menschlichen Existenzen, die vielfach gar nie richtig gelebt haben oder deren Leben durch Krankheit, Not oder Einwirkung anderer Menschen verhindert, seelisch und körperlich verstümmelt oder zerstört wurde, die grosse Fragen aufwerfen. Wie soll und kann man damit gedanklich und glaubend umgehen? Es gibt eine immense Zahl menschlicher Biografien, in denen Personalität nur sehr eingeschränkt oder gar nie zum Tragen kommt, weil diese Menschen von Geburt an oder sehr früh im Leben behindert und ihrer Selbstbestimmung gar nie fähig werden. Was ist mit den unzähligen Kindern, die in gewissen Regionen keine Spur von Lebensqualität erfahren, verhungern oder medizinisch elend dahinsiechen, oft bevor sie zum Gebrauch der Vernunft kommen? Es ist ungemein schwierig sich vorzustellen, wie solche elenden und hilflosen Geschöpfe nach einem faktisch gar nie gelebten Leben nach dem Tod gleichsam über Nacht quasi aus dem Nichts heraus zu erfüllten geistigen und persönlichen Wesen aufwachen. Sie mussten sich auch nie für Gut oder Bös entscheiden, nie Verantwortung übernehmen, kein Leben meistern, keine Rechenschaft Mitmenschen gegenüber ablegen. Sind solche menschlichen Entwürfe, rudimentären Ansätze, die Fragmente bleiben oder als hoffnungslose Ruinen enden, sogar zu beneiden, weil ein moralisches Scheitern bei ihnen ausgeschlossen ist und damit das ewige Leben wie ein märchenhaftes Geschenk auf sie zukommt, das sie gar nicht verspielen können?

Diesbezüglich ist eine verbreitet schleichende Vorstellung im kirchlichen Milieu anzutreffen, dass ein gottgefälliges oder «heiliges» Leben vorrangig denen vorbehalten sei, die aus irgendwelchen Gründen keine Entscheidungen treffen und Verantwortung übernehmen müssen oder können und damit auch nichts Falsches machen, weil sie vielleicht überhaupt nichts tun müssen. Dabei widerspricht eine solche unerleuchtete Meinung frontal der Ansicht Jesu, der zwar die Offenheit der Kinder lobt, sich aber mit mündigen Erwachsenen abgibt. Aus dem Reden und dem Verhalten Jesu ist insgesamt zu schliessen, dass für ihn Nichtstun schlimmer ist als Fehler machen. Aber es bleibt dabei: Es übersteigt jede Vorstellungskraft, dass alles menschliche, in dieser Welt ungelebte Leben doch nach dem Tod zur Erfüllung kommt. Undenkbar für uns, aber für Gott bleibt letztlich nichts unmöglich. Sobald wir uns den Möglichkeiten Gottes verschliessen und unsere eigenen Schwierigkeiten zum Massstab machen, werden wir der Grösse Gottes nicht gerecht. Wenn wir bedenken, was die Entstehung des Universums und die Evolution an Überraschungen bereithielt, sind wir gut beraten, über den Tod hinaus Gott keine Grenzen zu setzen.

Theologische Altlasten

Bis vor wenigen Jahrzehnten wurde in der katholischen Kirche und Theologie allen Ernstes diskutiert, ob Kinder, die vor oder unmittelbar nach der Geburt ungetauft sterben, in den Himmel kommen oder bloss abgeschwächt in den «Limbus puerorum», eine Art jenseitigen Kindergarten, wo sie simpel ausgestattet und kindlich beschenkt für alle Ewigkeit artgerecht und vergnügt im Sandkasten spielen dürfen. Ob der Lächerlichkeit solcher Heilsfehden kann man nur den Kopf schütteln. Unterdessen hat man auch von offizieller kirchlicher Seite diesen eschatologischen Kinderspielplatz faktisch ausgeräumt und geschlossen und nicht zuletzt der immensen Zahl von Abgetriebenen die Tür zum Himmel geöffnet. Das Schlimme, ja das Schreckliche und Tragische an diesem elenden Erbstück war, dass diese irrwitzige Pseudotheologie der diesbezüglich unheilvollen Autorität des dominierenden **Kirchenvaters Augustinus (354–430)** zu «verdanken» ist. Wobei die Lehre vom «Limbus» eine mildere mittelalterliche Variante war. Augustinus bugsierte die ungetauften Kinder in die Hölle. Die Wirkung war verheerend. Sie zeitigte eine lähmende Heilsangst und stürzte unzählige Menschen, vor allem Frauen und Mütter in Hoffnungslosigkeit und Verzweiflung – und das während mehr als anderthalb Jahrtausenden. Augustinus war auch ein Polemiker. Der Krieg ist nach einem griechischen

Sprichwort nicht nur der Vater aller Dinge, sondern, so darf man ergänzen, sehr oft auch der Vater der Theologie. Rechthaberei war Augustinus nicht fremd. Man darf nicht nachgeben gegenüber dem Gegner. Keine Schwäche zeigen. Wort als Waffe einzusetzen, darauf verstand er sich glänzend. Das hat aber mit Glauben wenig zu tun. Er hatte es allerdings auch nicht leicht. Er wirkte als Bischof in einer Stadt, die durch eine Kirchenspaltung zerrissen war. Und Augustinus konnte auch anders. Wir haben von ihm wunderschöne persönliche und poetische Texte und Gebete, die von Sehnsucht, von Vertrauen und Verliebtheit in Gott geradezu überquellen. Und als «Stadtpfarrer» von Hippo Regius im heutigen Algerien hat er den Menschen seiner Gemeinde nicht lauter Angst und Furcht eingeflösst. Er war grosszügig mit menschlichen Schwächen. Nur auf diese Weise konnte

er zum «Schöpfer» der katholischen Volkskirche werden. – Aber dessen ungeachtet, die verhängnisvolle Hypothek seiner Erbsündendoktrin blieb bestehen. Wie konnte man den Missionsauftrag und Taufbefehl Jesu und die paulinische Erbschuldlehre so eng fassen und interpretieren! Augustinus hatte einen jungen, verheirateten bischöflichen Kollegen und Konkurrenten in Italien mit Namen **Julianus von Eclanum** († nach 450), der ganz anders dachte und Augustinus vorwarf, mit diesem diesbezüglichen grausamen Gottesbild die Deutungshoheit über die ganze Kirche zu beanspruchen. Aber die Andersdenkenden zogen gegen den «streitsüchtigen Punier», wie man Augustinus wegen seiner nordafrikanischen Abstammung und Wirksamkeit auch nannte, den Kürzeren. Und dieser setzte sich in der Folge in der Westkirche mit seiner menschenverachtenenden Doktrin über die Erbsünde und die Verderbnis des Menschengeschlechts im Prinzip durch. Die nachfolgende katholische Kirche schwächte einiges an Unerträglichem ab. Aber das rigoros pessimistische Menschenbild prägte auch die **Reformatoren Martin Luther (1483–1546)** und **Johannnes Calvin (1509–1564)** einschlägig, die den Anschluss an Augustinus neu vollzogen. Der Mensch ist vor Gott ohne dessen Gnade rein gar nichts. Gott hat keine Freude an ihm. Der Mensch kann mit seinen natürlichen Gaben nichts beitragen, um Gott zu gefallen. Dabei geht die Lehre von der Erbsünde überhaupt nicht auf Jesus zurück. In diversen Gleichnissen gewinnt man eher den Eindruck, dass Jesus, bei aller aufblitzenden schroffen Geringschätzung, doch auch auf den Menschen setzt, ihm einiges zutraut. Christus stattet ihn mit Talenten aus und fördert die Eigenverantwortung. Die Erbsündenlehre ist ein theologisches Konstrukt von Paulus, den an der Biografie Jesu nur Tod und Auferstehung interessieren. Im Römerbrief stellt er die Parallelen Adam/Christus auf. Durch die Schuld Adams ging die Sünde wie eine schreckliche Erbschaft, wie ein gigantischer Fluch auf alle späteren Generationen über. Durch Christi Heilstat in seinem Tod werden nun in der Taufe alle Generationen mit ihm begraben und von dem unseligen Zustand befreit (Röm 5–6).

Es hielt sich sowohl in der Theologie der Reformationskirchen als auch in der katholischen Volksfrömmigkeit die Überzeugung, dass man den Menschen zur Schnecke machen müsse, damit er vor Gott gerecht werden könne. Gott befreie, aber er vereinnahme auch, er erlöse und erdrücke den Menschen mit seiner Liebe. Und wehe, wenn der Mensch sich dieser Liebe nicht dankbar erweisen sollte! – Diese Problematik kommt auch in menschlichen Beziehungen vor. Sie führt bis hin zur Erpressung. Man verzeiht den Seitensprung, um danach den Partner, die Partnerin ganz für sich zu haben, beherrschen zu können. – Demgegenüber vergrössert sich doch die menschliche Freiheit, je intensiver die Nähe und Grösse Gottes erfahren wird. Das ist der Kern der Wahrheit. Das hat man auch im sogenannten innerkatholischen «Gnadenstreit» ab dem späten 16. Jahrhundert nicht begriffen. Man wog ab, wie viel Mitbestimmung und Eigenverantwortung sich mit der zuvorkommenden und allein bestimmenden Gnade Gottes vertrüge. Gottes Allmacht und die Freiheit des Menschen würden sich konkurrieren. Menschliche Selbstbestimmung kratze angeblich am Image der alles umwerfenden Souveränität Gottes. Da kann man nur sagen: Genau daneben und Gift für die Gottesfrage!

Diese ganze Problematik wurde in der Lehre von der *Prädestination* auf die Spitze getrieben. Prädestination bedeutet Vorherbestimmung. Den Juden **Paulus** beschäftigte zutiefst die Ablehnung Jesu durch die offiziellen religiösen und politischen Instanzen Israels und die Verfolgung der Anhängerschaft Jesu. Er gab aber die Zuversicht nicht auf, dass Christus auch das ursprünglich auserwählte Volk Gottes, das vorläufig widerspenstige Israel in sein Erbarmen aufnimmt und dieses sich dem Heil in Jesus Christus öffnen werde (Röm 9–11). In einem der schönsten Abschnitte seiner Briefliteratur geht Paulus hochgestimmt, gleichsam über das vorgefasste Textkonzept hinaus und schreibt zuversichtlich hoffend von der Heimholung der ganzen seufzenden Schöpfung (Röm 8,18–23). – Dann stellte sich immer wieder die Frage, wie *Willensfreiheit* mit göttlicher Allbestimmung auf die Reihe zu bringen wäre. Die Freiheit besteht für Augustinus und Luther letztlich darin, dass Gott mit seiner einladenden bis unwiderstehlichen Gnade den im Bösen versklavten Willen zum Guten lenkt und auf die richtige Spur bringt. Katholischerseits verteidigte **Erasmus von Rotterdam (1469–1536)** als Zeitgenosse Luthers in Widerspruch zu diesem die grundsätzliche Willensfreiheit. (Die Willensfreiheit wird natürlich ausserhalb von Religion und Theologie auch auf der Ebene der Philosophie, Psychologie und Rechtsprechung diskutiert.) Für die Prädestination steht der Name **Johannes Calvin** par excellence, mindestens in der Wirkungsgeschichte. Gott berufe die einen zum Heil (hat also von Anfang an vor, sie zu erlösen), die anderen zum Unheil (sie können tun was sie wollen, sie werden nicht erlöst). Tröstlich wurde beigemischt, dass der Mensch durch ein sittsames und auch erfolgreiches Leben, an seinen Früchten also erkennen könne, ob er zum Heil bestimmt sei. Diese *innerweltliche Askese* habe zu erfolgreichem Unternehmertum und zum Kapitalismus geführt, weil der um sein Heil besorgte Christ das Erworbene nicht einfach ausgebe, schon gar nicht in Saus und Braus vergeude, sondern vielmehr neu investiere, um des Erfolgs und der Heilsgewissheit nicht verlustig zu gehen. Da wird eine von den Reformatoren vermaledeite Werkgerechtigkeit wieder frischfröhlich eingeschmuggelt. Diese Schiene vom Calvinismus zum urbanen Kapitalismus wurde vor allem durch den deutschen

Soziologen Max Weber (1864–1920) gelegt. Sie wird aber auch mit Recht bestritten. Da wird zu viel Glaubenspraxis in die christlichen Normalverbraucher hineininterpretiert. Natürlich kann eine solche Sittenunterweisung animieren. Aber man soll es auch nicht übertreiben. Es war vielmehr so, dass der Calvinismus zwischen Tolerierung und Unterdrückung seinen Platz suchte. Um bestehen zu können, mussten sich die Calvinisten beruflich bewähren, mit ihren Fähigkeiten wuchern, um sich so empfehlen zu können. Die gefährdete gesellschaftliche Stellung motivierte zu solider Qualitätsarbeit. **König Friedrich II.** (1712–1786) lud die Calvinisten nicht wegen ihres Glaubens, sondern wegen ihrer attraktiven Tüchtigkeit nach Preußen ein, wo sie Karriere machten. Noch heute bezeugen in Berlin viele französische Namen die calvinistische Präsenz.

Nach diesem Abstecher wieder zu Augustinus mit seiner tristen *Erbsündenlehre*. Diese mörderische Gottesvorstellung führte dazu, dass man gelegentlich an ungetauft gestorbenen Säuglingen oder Frühchen mit untauglichen Mitteln Wiederbelebungsversuche unternahm. Stellte sich bei einem solch hilflosen Experiment auch nur ein Schein von letztem Lebenszucken ein, wurde rasch getauft; damit war zusätzlich ein kirchliches Begräbnis gesichert, denn Ungetaufte wurden faktisch neben dem offiziellen Friedhof verscharrt, eine Praxis, die sich bis ins 20. Jahrhundert in katholischer Kirchenpraxis erhielt. Ein wahrhaft gefundenes Fressen für eingefleischte Atheisten! Zwar wurden mündigen und erwachsenen Taufbewerbern, die vor Empfang der Taufe starben, die Absicht, sich taufen zu lassen, als *Begierdetaufe* oder das erlittene Martyrium als

Bluttaufe angerechnet. Aber was ist mit den Tränen ungezählter Mütter mit Totgeburten, die unter der zerstörerischen Ideologie des Augustinus seelisch zugrunde gegangen sind? Da bleibt nur die christliche Hoffnung, dass ihre Tränen helfen, die Last dieser im wörtlichen Sinn heillosen Erbsündenlehre definitiv wegzuspülen. Einen Ausweg aus dieser panischen Heilsangst eröffnete die Kirche allerdings: Im Notfall konnte (und kann bis heute) jeder Mensch taufen, auch ein Nichtchrist.

Zu Augustinus gehört auch die dominant vorgebrachte These, dass die *Erbsünde durch den Zeugungsakt fortgepflanzt* werde. Also in der Sexualität liegt das Unheil! Was Wunder, wenn Bischof Julianus von Eclanum, der zeitgenössische Gegenspieler des Augustinus, diesen – in heutiger Sprache ausgedrückt – als Sexualneurotiker bezeichnete, zumal er offensichtlich die Jugendbiografie, die «Confessiones» (Bekenntnisse), von Augustinus gelesen hatte. Bei allen späteren Abmilderungen dieser verheerenden Vorstellung wurde doch für weit über tausend Jahre vor allem in der katholischen Kirche die Einstellung zur Sexualität verseucht und der menschliche Lebensborn faktisch in dauernde Opposition zum göttlichen Ursprung und Quell des Lebens gesetzt. Die auf die Sexualität fixierte, frühere Busserziehung und Beichtpraxis mit dem Missbrauch des Gewissens, das zu Ängstlichkeit und Skrupelqualen verbogen wurde, sind in erster Linie für die massive Erosion der Beichtpraxis verantwortlich. Wie soll man plausibel verständlich machen, dass ausgerechnet die Sexualität als sinnstiftende Lebenskraft und Quelle der Erotik zum ständigen Stolperstein und zur Absturzgefahr des Menschen deklariert wird, wenn doch darin die Schöpferfreude Gottes steckt. Zu einem erheblichen Teil haben die Verteufelung der sexuellen Dynamik und die Erbsündenlehre die Ablehnung Gottes erzeugt. In der aktuellen katholischen Debatte um Zulassung von Geschiedenen und Wiederverheirateten zur Kommunion geht es den lehramtlichen Scharfmachern faktisch immer nur um den Sex. Wenn Geschiedene und Wiederverheiratete enthaltsam zusammenleben würden, dürften sie nach den Hardlinern am Tisch des Herrn teilhaben. Das gemeinsame Bett schliesst sie vom gemeinsamen Mahl aus. Trotz allen gegenteiligen Beteuerungen von dieser Seite steht einzig und allein der praktizierte Sex der Einladung Christi entgegen. Wie kann man sich damit auf Jesu Umgang mit Menschen berufen? Es ist erfrischend und wohltuend, wie **Papst Franziskus** in seinem pastoralen Schreiben «Amoris Laetitia», Freude der Liebe, vom Frühjahr 2016 anschaulich die Kraft des Eros positiv würdigt, was seine spezielle Würze erhält, indem er dabei den mittelalterlichen Theologen und Predigermönch Thomas von Aquin als Zeugen anführt. Dieser gab im 13. Jahrhundert den *affektiven* Zuwendungen, den *passiones*, den Leidenschaften, auch den erotischen Emotionen, einen hohen Stellenwert und bekräftigte damit seine Ur-Überzeugung, dass jede menschliche Aktivität auf der sinnlichen Erfahrung basiert.

Jesus hatte auch eine von der gängigen Rezeption und von der Anleitung zur Nachfolge Christi weithin ausgeblendete Seite. Der Rabbi von Nazaret strahlte eine gewisse Heiterkeit aus, war eine gesellige Natur, setzte sich zu Menschen, liess sich gern einladen und war gutem Essen und vorzüglichen Weinen zugetan. Als erstes öffentliches Zeichen Jesu wird über ein Luxus-Wunder berichtet, die Weinvermehrung, und das erst noch anlässlich einer Hochzeit, bei der Jesus Gast war (Joh 2). Jesus liess sich gern einladen, nahm auch bei aller Gegnerschaft Einladungen von Pharisäern an, schenkte gleichzeitig seine ganze Aufmerksamkeit einer «Sünderin» (Lk 7,36–50). Er setzte sich demonstrativ bei einem Zöllner zu Tisch, der ein grosses Bankett für ihn und zusätzliche Zunftgenossen ausrichtete, die im nicht unberechtigten Ruf von Abzockern und Ausbeutern standen (Mk 2,13–17). Bei Freunden wie Lazarus, Marta und Maria ging er gern ein und aus und fühlte sich wohl (Joh 12,1–8), auch wenn er einmal eine Eifersuchtsszene beschwichtigen musste (Lk 10,38–42). Gastmähler und Hochzeiten sind bei Jesus Aufhänger für ein Bild vom Reich Gottes (Mt 22,1–14), und Jesus erzählt selber mit einer Prise Selbstironie, er gelte bei seinen wenig zimperlichen Kontrahenten als Fresser und Säufer und als einer, der sich mit Zöllnern und Dirnen einlasse (Lk 7,34).

Was die leidige Gottesbeziehung betrifft, wurde und wird teilweise bis heute und von gewissen Kreisen momentan wieder verstärkt alles mögliche untaugliche und krude Zeug verbreitet. Da werden die zahllosen Beleidigungen ausgebreitet, die wir Gott tagtäglich zufügen würden. Das schlechte Gewissen wird als permanenter Störsender installiert, der es in der Vergangenheit immer wieder fertigbrachte, alle möglichen Lebensfreuden und Genüsse zu vergällen. Die christliche Spiritualität war und ist damit randgefüllt. Nicht zuletzt um Anhänger und Untergebene zu beherrschen. Vorwürfe, die natürlich postwendend von offiziellen kirchlichen Stellen empört zurückgewiesen werden. Das negative Bild vom ewig nörgelnden Gott und Spielverderber wird aber dadurch nicht abgeschwächt. Dagegen kommt man nie an. Da bietet sich der Atheismus mit Recht als Alternative an. Die katholische Ethik beispielsweise hat allerdings in den Jahrzehnten nach dem Zweiten Weltkrieg erfrischend und befreiend eine Moral des aufrechten Ganges und menschlicher Eigenverantwortung auf die Beine gestellt und sich manche Repression des römischen Lehramtes eingehandelt. Die offizielle katholische Moraldoktrin ging mit den ethischen Forderungen Jesu sehr selektiv um. Der Sexualität mit ihren verschiedenen Ausgestaltungen wurde ein rigoroser Stellenwert zugemessen, den man bei Jesus vergeblich sucht. Andere Forderungen Jesu aus der Bergpredigt wie der Umgang mit den Mitmenschen (Mt 5,21–26) oder die Ablehnung des Schwörens (Mt 5,33–37) wurden grosszügig

abgeschwächt oder gar nicht beachtet.

Hierzu nochmals: In der paulinisch-augustinischen Tradition ist der Mensch aus sich selbst rein gar nichts. Bis ins Mark verdorben. Einfach grundsätzlich schlecht. Alles, was er an Gutem vollbringen kann, ist reine Gnade, pures Geschenk von Gott. Aber seine schlechten Taten, sein Versagen gehen einzig auf sein Konto, dafür ist er voll verantwortlich und verdient eigentlich die ewige Verstossung. Dagegen ist unsere moderne Rechtsprechung viel menschenfreundlicher, verständnisvoller und differenzierter. Da wird beispielsweise beim schlimmsten Verbrechen zwischen Mord, vorsätzlicher Tötung, Totschlag und fahrlässiger Tötung unterschieden. Wenn Gott die Welt und die Menschen erschafft und sie an seinem Glück teilnehmen lassen will, wieso hat er ihre Natur so schwach konzipiert?

Und warum sollen sie so rasch ihr Heil für immer verlieren können? Warum hat die Bosheit so viel Raum und ist im Menschen und seiner Geschichte so bestimmend? Ein unlösbares Rätsel. Der Atheismus hat auf die Frage nach dem Ursprung des Bösen allerdings auch keine befriedigende Antwort. Ferner: Niemand tritt aus eigener Entscheidung ins Leben. Man wird nicht gefragt. Auch die bösen Menschen, die Monster und Scheusale der Weltgeschichte haben sich nicht selber auf die Welt gestellt.

Mit der Ablehnung der im Zeugungsakt weitergegebenen Erbsünde darf selbstverständlich nicht die ungeheure Summe von Erblast kleingeredet werden. Die Gegner des Augustinus schätzten die menschliche Natur grundsätzlich positiv ein und trauten dem Menschen auch einiges an Gutem zu, verschlossen aber auch nicht die Augen vor den schlimmen Taten. Sie deuteten die Erbsünde als Ergebnis schlechten Beispiels und fragwürdiger Erziehung sowie unheilvoller gesellschaftlicher Verwicklungen. Dies scheint uns einleuchtender. Die erste Hälfte des 20. Jahrhunderts hat aber wie nie zuvor in der Geschichte unvorstellbare Auswüchse menschlicher Grausamkeit und eine nicht abreissende Folge verhängnisvoller Unberechenbarkeit geliefert. Es gibt das *mysterium iniquitatis*, das Geheimnis der Bosheit, das ungelöst und unerlöst bleibt. Da hat die Doktrin des Augustinus doch etwas in sich. Man könnte sie etwas anders formulieren und sagen: Das Böse steckt in den Genen.

Anders als Schuld ist Leid nicht notwendigerweise an Bosheit gekoppelt. Leiden kann erfahrungsgemäss auch eine Quelle von Kreativität sein, die aus Schmerzen hervorgeht. Andrerseits haben Kunst und schöpferische Begabung sehr oft auch mit Eros zu tun. In der Nähe von Genialität ist allerdings vielfach Leid und Entsagung zu finden.

Goethe erzählt von seltenen Stunden wirklichen Glücks. Bei künstlerischen Persönlichkeiten sind depressive Anfechtungen eine bekannte Begleiterscheinung ihres Lebens. Sensibilität bedeutet, wie der Name sagt, Leiden. Geistige, intellektuelle Tätigkeit und Sinnlichkeit sind keine Gegensätze. Damit sind Verletzlichkeit und Unsicherheit verbunden. Aber aus dem Leiden entspringen oft Quellen schöpferischer Kraft. «Die Herzkraft der Schwermut ist der Eros.» So formuliert es der katholische Priester und **Religionsphilosoph Romano Guardini (1885–1968)**, der vor allem an den christlichen Hochfesten von Weihnachten und Ostern von depressiven Schüben heimgesucht wurde. Zu Depressionen neigten Politiker aus verschiedenen Gründen. **Otto von Bismarck (1815–1898)** konnte vor schwierigen Entscheidungen in einen Weinkrampf ausbrechen. **Winston Churchill (1874–1965)** begleitete ein depressiver Schatten, den er den «black dog» (schwarzer Hund) nannte. **Willy Brandt (1913–1992)** holten die traumatischen Erfahrungen seines Exils in der Nazizeit immer wieder auch nach Erfolgserlebnissen ein. Depressive Seiten zeigten zeitweise Personen aus der Kirche, der Theologie und dem spirituellen Leben. So **Franz von Assisi (1181/1182–1226)**, als er in den letzten Jahren sein Lebenswerk in der Hand seiner Nachfolger gefährdet sah. Das Gemüt von **Niklaus von Flüe (1417–1487)** war nach eigenen Angaben verdunkelt, als er um seine Lebensentscheidung rang. **Thérèse von Lisieux (1873–1897)**, lange Zeit als niedliche junge Nonne verkitscht, litt unter grossen Anfechtungen im Glauben. **Karl**

Barth (1886–1968) fiel bei seinem gigantischen Lebenswerk und wegen Problemen im persönlichen Umfeld in wiederkehrende depressive Stimmungen. **Emil Brunner (1889–1966)** litt an Unsicherheiten als Theologieprofessor und mass sich zu seinem Leidwesen an seinem theologischen Widerpart Karl Barth. **Reinhold Schneider (1903–1958)**, ein katholischer Literat, quälte die fürchterliche Zeitgeschichte der ersten Hälfte des 20. Jahrhunderts, aber auch die Unzulänglichkeit seiner eigenen Kirche.

Aus experimentellen wissenschaftlichen Forschungen und Erkenntnissen lässt sich kein philosophischer und theologischer Sinn herausdestillieren. Wir erahnen vielleicht ein Defizit, registrieren auch die Grenzen unserer Erkenntnisfähigkeit und können uns motivieren lassen, einen tieferen Sinn zu suchen, ein sinnstiftendes Weltbild zu entwerfen. Aber damit stürzen wir nicht in «gläubige» Ausreden ab und bemühen keinen Gott als Hilfskonstrukt. Da ist kein Platz für geistige Bequemlichkeit. Da geht es um intellektuelle Entscheidungsfreiheit. Die wirft experimentell gesicherte Erkenntnisse nicht über den Haufen oder lässt sie im Papierkorb landen. Sie kann auch nicht im Widerspruch zu rationalen Errungenschaften stehen. Es handelt sich dabei um einen existenziellen, personalen Schritt auf einer anderen Ebene, wie früher schon bemerkt und worauf wir im nächsten Kapitel noch einmal zurückkommen werden.

Eine weitere Schwierigkeit, mit Gott klarzukommen, besteht in der erfahrungsmässigen Zufälligkeit der menschlichen Existenz. Als Mensch ist es mir bewusst, dass ich auch nicht sein könnte. Meine Existenz hängt in gewissem Sinn an einem dünnen Faden. Ich bin nur der, der in einem bestimmten Augenblick gezeugt wurde. Wäre die Zeugung auch nur Tage später erfolgt, wäre wohl auch ein Mensch entstanden, aber der wäre nicht ich. Hätte sich meine Grossmutter seinerzeit entschlossen, auf die Einladung zur Auswanderung nach Amerika einzugehen, existierte ich nicht. Da sie sich aber wegen einer bereits bestehenden Bekanntschaft mit einem Mann, meinem späteren Grossvater, entschloss, in der angestammten Heimat zu bleiben, bin ich und lebe ich. Und es wären unendlich viele weitere menschliche Existenzen möglich. Dies liegt aber in der Natur der geschöpflichen Wirklichkeit. Vieles wird nicht verwirklicht, was möglich wäre. Ja, es wäre unendlich viel mehr möglich. Das Gehaltenwerden in der Schöpferkraft Gottes gilt logischerweise nur der real existierenden irdischen und menschlichen Kreatur. Zufall bedeutet nicht notwenigerweise Willkür, und der Zufall kann auch nicht gegen Kausalität ausgespielt werden. Was uns zufällt, heisst nicht, dass wir uns in einem Schleudersitz befinden, auf den wir geworfen wurden und aus dem wir jederzeit wieder herauskatapultiert werden könnten. Die Schöpfung besteht aus der partiellen Verwirklichung von ungezählten Möglichkeiten. Die Vorstellung einer Verwirklichung aller Möglichkeiten ist undenkbar. Dadurch, dass wir sind und bestehen, ist uns die Existenz zugefallen, aber damit sind wir nicht dem Zerfall und der Absurdität ausgeliefert. So liegt im Zufälligen auch ein Sinn. Da können wir Trost schöpfen im Falle eines unvermittelten schmerzlichen Ereignisses, ohne dass wir einen ewigen Ratschluss Gottes bemühen müssen. Der Sinn ist in gewissem Sinn die andere, verdeckte Seite des Zufalls. Aber um zu einem Sinn zu gelangen, braucht es einen Entscheid, der das Vorgegebene nicht einfach auf sich beruhen lässt, sondern einen alternativen Aufbruch anleitet, den Sinn im Zufälligen zu entdecken, die verdeckte Seite des Zufalls aufzudecken.

Das ist im Wesentlichen der Unterschied zur Prädestination, zur Vorherbestimmung. Dort gibt es keinen Zufall, auch wenn etwas wie ein Zufall aussehen mag. Dort fällt dem Menschen nur ein Los zu: Heil oder Unheil. Keine Möglichkeit zur Entscheidung und zum Gegensteuern. Sinn bedeutet in der Prädestinationslehre nur, sein Los zu erkennen und anzunehmen, sich in sein Schicksal zu ergeben. Christliche Freiheit ist das nicht. Freiheit ist es, im Zufälligen etwas Sinnhaftes zu erkennen, darauf aufzubauen, etwas ganz anders als ursprünglich gedacht weiterzuführen, aus dem Spektrum an Möglichkeiten immer wieder neu auszuwählen. Und Freiheit ist es auch, im Zufälligen keinen Sinn zu sehen und un-sinnig Erscheinendes nicht mit Gewalt zu Sinnhaftem umdeuten zu müssen.

Auf dieser Basis kommen wir zurück zur Ausgangsfrage, der Gottesfrage. Die «Struktur» der Gottesfrage ist so: Wenn uns sogenannte Gottesbeweise erschlagen würden, dass gar kein Zweifel mehr aufkommen könnte, wären wir gar nicht imstande, uns frei für Gott zu entscheiden. Wir wären gezwungen, ihn zu akzeptieren. Es gibt aber zu Gott keinen anderen Weg als den in Freiheit und den der persönlichen Erkenntnis.

Jeder Versuch, Gotteserkenntnis zu verordnen, ist ebenso unsinnig wie die Autorität Gottes für irgendwelche

Machtansprüche zu missbrauchen. Wo religiöses oder kirchliches Herrschaftsgebaren sich manifestiert und über die Seelen und Gewissen der Menschen dominieren will, ereignet sich ein gravierender Machtmissbrauch. Es ist gerade das Vertrauen auf Gott, das misstrauisch macht gegen alle ultimativ vorgetragenen Befehle und Weisungen. Der Gottesglaube relativiert alle menschlichen Machtgebilde, auch alle als fromm kaschierten und im Namen Gottes feierlich vorgetragenen letztwilligen Verfügungen. Gott zementiert nicht Herrschaftsformen, sondern bricht sie auf. Der Heilige Geist ist ein Anwalt des aufrechten Ganges. Deshalb ist auch die Kirche nach christlich verstandenem Selbstverständnis nie die letzte Instanz, sondern immer nur die vorletzte, die auf Grösseres hinweist, sich letztlich überflüssig machen soll, zum Abruf bereit sein muss. Gegen kirchliches Machtstreben gibt es immer und jederzeit ein Appellationsrecht an Gott. Wo kirchliche Verlautbarungen als nicht mehr hinterfragbar ausgegeben werden, wird Götzendienst betrieben. Noch ewas pointierter formuliert: Ein absolutistisches Kirchengebaren ist nicht nur menschenverachtend, sondern offenbart einen schon oft registrierten *kirchlichen Atheismus*, der nur auf sich selber setzt und indirekt ohne Gott auskommt. Da kommt einem spontan die Erzählung von **Fjodor Dostojewski (1821–1881)**, «Der Grossinquisitor», in den Sinn: In dieser Novelle taucht Jesus auf, als die Inquisition die Ketzer erfolgreich zur Strecke bringt. Der Grossinquisitor verhaftet Jesus, verbietet ihm die Wiederkehr, weil er nur stört und die eingespielte (auch kirchliche) Ordnung als letztlich antichristliches System entlarvt. «Geh und komm nicht wieder [...] niemals, niemals!», ruft der Grossinquisitor dem scheidenden Christus nach. – «Ubi caritas, Deus ibi est» – wo die Liebe ist, da ist Gott. Dieser beliebte Satz bedarf der Ergänzung: «Ubi libertas, Deus ibi est» – wo die Freiheit ist, da ist Gott.

Vom Sein und vom Sinn

Gehen wir die Gottesfrage nochmals rein rational, von der Philosophie her an. Es geht um *Sein* und *Sinn*.

Zum Sein: Hier bewegen wir uns in traditionellen Gedankengängen. Das *Sein* ist in der *aristotelisch-thomistischen Philosophie* der Ur-Begriff. Es steht dem Nicht-Sein gegenüber. Das Gegenteil vom Sein ist das Nichts. Sein ist der abstrakte Begriff für jede Form von Wirklichkeit und Existenz. Das Sein trifft auf den Menschen zu, in je absteigendem Sinn auf das Tier, die Pflanze, die leblose Materie. Natürlich ist im Rahmen dieser Philosophie auch Gott *Sein*, genauer *das Sein schlechthin*. Und so kann *Sein* immer nur im analogen Sinn ausgesprochen und angewendet werden. Für Gott gilt dies ganz besonders. Das *Sein* steht im Gegensatz zum Nichts, es ist gut (nicht im moralischen, sondern im philosophischen Sinn): Es ist ein Gut, das heisst, es hat einen Wert an sich, denn es wird angestrebt, und es ist wahr, weil es erkannt werden kann.

Wir können die Metaphysik nicht ausschalten, weil wir letztlich immer metaphysisch denken und uns in diesen Denkkategorien bewegen. Metaphysik heisst: Wir befragen die Welt und was sich hinter ihren Realitäten und Erscheinungsformen verbirgt und denken über deren Ursachen und Hintergründe nach. Woher kommt das Universum? In dieser Auseinandersetzung positioniert sich ein offensiver *Kreationismus*, wie er beispielsweise in fundamentalistischen Kreisen der USA gepflegt wird. Hierzulande ist er höchstens eine Randerscheinung. Darunter versteht man die Vorstellung, dass Gott immer direkt, die Evolution überspringend, die Phasen der Schöpfung und des menschlichen Lebens bestimmt und schafft. Die biblischen Fundamentalisten fassen den Zeitrahmen der Schöpfungsgeschichte wörtlich im neuzeitlich-naturwissenschaftlichen Sinn auf und werden so den biblischen Aussagen, auf die sie sich berufen und denen sie besonders treu sein wollen, gerade nicht gerecht. Sie übernehmen die astronomisch-physikalische Zeitmessung, also exakt ein technisches Denken, gegen das sie sich vorgeblich wehren, und übertragen es auf die Bibel. Dieses Lagerdenken beruft sich auf das *biblische Sechs-Tage-Werk* (Gen 1). Ihre Bibelauslegung ist anachronistisch. Der Terminus Tag steht in der Bibel für einen langen Zeitraum. «Beim Herrn ist ein Tag wie tausend Jahre, und tausend Jahre sind wie ein Tag» (2 Petr 3,8). Wobei die Zahl Tausend nicht gepresst werden darf. Sie versinnbildet eine gewaltige Grösse und Länge.

Die Bibel vermittelt keine naturwissenschaftlichen Erkenntnisse. Die Aussagen über die Schöpfung sind bildhaft symbolisch zu verstehen. In ihrer Poesie sind sie höchst originell, beschreiben anschaulich und farbig, geradezu genussvoll und optimistisch die Entstehung der Welt. In diesem Sinn ist der biblische Schöpfungsbericht nicht bloss schön, sondern auch wahr. Gott bleibt in der Schöpfung auch permanent kreativ präsent. Er ist nicht bloss der Urheber, der alles in Gang setzt, aber dann das Universum sich selbst überlässt. Mit traditionellen Worten: Gott schafft und erhält die Welt. In der *biblischen Schöpfungserzählung* steckt auch die Botschaft von der *Entgötterung der Welt*. Die Sonne oder andere Himmelskörper sind keine Götter. Und auch keine politischen Gewalten oder die menschliche oder tierische Sexualität sollen vergottet werden. Die Anziehungskraft zwischen Mann und Frau wird gepriesen, aber auf den irdischen Schöpfungsauftrag verwiesen. Der unendliche Abstand zwischen Gott und Welt wird klar markiert. So enthält der biblische Schöpfungsbericht ein frühes Zeugnis von *Säkularisierung*. Himmel und Erde stammen von Gott. Auf der Erde hat der Mensch seinen Platz. Er ist keine Marionette von Göttern, sondern wird in die Eigenständigkeit und Selbstverantwortung entlassen.

Es besteht also kein Gegensatz zwischen dem *Schöpfungsbericht* und der Lehre vom *Urknall* und der *Evolutionstheorie*. Die Urknalltheorie mit der darauffolgenden Ausdehnung des Universums wurde zuerst von einem belgischen **Astrophysiker Georges Lemaître (1894–1966)** im Jahr 1927 aufgestellt, der auch Theologe und katholischer Priester war. Dessen Glauben geriet darob nicht ins Wanken. Die These vom Urknall erschien wissenschaftlichen Kollegen anfänglich zu sehr in der Nähe der christlich-biblischen Schöpfungsvorstellung angesiedelt. Es gelang Lemaître schliesslich, im persönlichen Kontakt auch **Einstein** zu überzeugen. **Papst Pius XII. (1939–1958)** und die *Päpstliche Akademie der Wissenschaften* akzeptierten 1951 die Theorie. Auch die *Quantentheorie*, die davon ausgeht, dass die Physik im atomaren Bereich nicht determiniert, nicht vorhersehbar ist und die Statistik, die Wahrscheinlichkeit sowie den Zufall ins Spiel bringt, tangiert unsere Gottesfrage nicht. Vielleicht ist das, was wir Zufall nennen, einfach mangelnde Erkenntnis. Einstein war gegenüber der Quantenphysik skeptisch, und in diesem Zusammenhang liess er den berühmten Satz fallen: «Gott würfelt nicht.» Genauer: Einstein schrieb an **Max Born** am 4. Dezember 1926 etwas salopp vom Geheimnis des *Alten* und meinte damit Gott. Aber wir erlauben es uns, einmal das Ganze so zu formulieren: Gott würfelt nicht, aber *Gott spielt*, und zwar mit X-Milliarden von Variationen in übersprudelnder, heiterer und grenzenloser Freiheit und Freude. Ohne einen ordnenden, denkenden und lenkenden souveränen Urgeist kann nichts Konstruktives geschehen. Ist das zuviel behauptet? Das soll aber jemand anderweitig plausibel machen. Wie soll aus purem Zufall und einer unzählbaren Summe von Möglichkeiten ohne eingestiftetes Ordnungsprinzip, ein Kosmos entstehen? Und im griechischen Wort *Kosmos* liegt Schönheit. Auch das lateinische Wort *Ordo* sagt mehr aus als Ordnung, sondern meint das, was der Welt die Statur gibt, ihr Gestalt, Struktur und Würde verleiht. Bliebe die Materie mit ihren Erstelementen und Kleinstteilchen sich völlig selbst überlassen, gäbe es keine Erklärung für die Zielstrebigkeit, die alles durchdringende und verlässliche Vernünftigkeit, die Harmonie, die innere Ausgeglichenheit und Stimmigkeit, die Vielfalt mit dem überwältigenden Formenreichtum der sich entwickelnden Schöpfung. Letztlich geht es um die Frage: Wie entsteht aus Materie Geist? Die Illustration sei erlaubt: Wenn wir hoch über einer glatten Fläche eine Ladung Konfetti ausschütten, ist es unvorstellbar, dass dieser wirbelnde Konfettiregen am Boden das Antlitz eines Menschen abbilden könnte. Es verlangt eigentlich mehr Glauben, Entstehung und Aufbau des Universums sich ohne lenkenden Geist wie einen Wirbelwind vorzustellen als mit einem kreativen Schöpfer. Im Prolog des Johannesevangeliums ist der *Logos*, das *Wort*, das gestaltende und das All belebende Erkennen der Ursprung des Universums, das Gesetz, das die Welt zusammenhält.

Max Planck (1858–1947), der Begründer der Quantentheorie, äusserte sich im klassisch-kantischen Sinn: «Die Naturwissenschaften braucht der Mensch zum Erkennen, den Glauben zum Handeln.» Im Alter von 80 Jahren hat **Johann Wolfgang von Goethe (1749–1832)**, der grosse Stauner, neugierige Forscher und Entdecker, das Lob der Schöpfung gesungen:

> «Kein Wesen kann zu nichts zerfallen.
>
> Das Ewge regt sich fort in allen.
>
> Am Sein erhalte dich beglückt!
>
> Das Sein ist ewig: denn Gesetze
>
> Bewahren die lebendgen Schätze
>
> Aus welchen sich das All geschmückt.»

Grösse und Ausdehnung des Universums sind durch die neueren Forschungen in unvorstellbare Dimensionen gerückt. Da gibt es Milliarden von Gestirnen in verschiedenen Galaxien. Das Universum dehnt sich weiter aus. Es kann sich auch wieder zusammenziehen. Vielleicht gibt es mehrere, unvorstellbar viele Universen. Wir wissen es nicht. Aber allein mit dem, was erforscht ist, kommt man aus dem Staunen und Stammeln nicht hinaus. Nochmals der Lobpreis der Schöpfung: eine jede Fantasie sprengende Verschwendung. Ein überbordendes kosmisches Riesenspiel mit unendlichem Einfallsreichtum von unauslotbarer Kreativität! Man ist überwältigt. Da bleibt die Frage: Wozu das alles? Die Milchstrasse und darin unser Sonnensystem haben sich nicht harmonisch entwickelt. Es überstürzten sich Ereignisse von gigantischen Crashs, Kollisionen und Explosionen. Da hat sich im Lauf der Abermillionen und Milliarden Jahre «Schrott» im Weltall angesammelt, das zwar viel Platz hat. Aber dieser «Müll» der Schöpfung bleibt nicht einfach ruhig. Er wird zu einer dauernden potenziellen Gefahr für die grossen Gestirne, die es zu etwas gebracht haben. Es herrscht prinzipiell Instabilität im Universum. Das Universum ist nicht fertig, es wird immer, es entsteht fortlaufend. Unsere Erde hat durch Zufall überlebt, sie hätte im Lauf ihrer «Jugend» genau so gut untergehen, verschluckt und pulverisiert werden können. Wie jedes Menschenleben vor und nach der Geburt nur durch günstige Umstände und Kombinationen überlebt, so hat sich auch unsere Erde durch alle Gefahren hindurch glücklicherweise zu mütterlicher Fruchtbarkeit durchringen und entfalten können. Sie hat es auf eine relativ ruhige Umlaufbahn geschafft. Zudem befindet sie sich im Genuss eines idealen Abstandes zur Sonne, sie hat zurzeit keine bedrohlichen Feinde in Sicht. Und der riesengrosse Gasplanet Jupiter weit aussen wirkt durch seine Masse stabilisierend und schützt die Erde vor Einschlägen von Asteroiden. Aber der ungefähre Zeitraum ist berechnet, wo das Ganze ein Ende nimmt. Der Weltuntergang, das grosse Finale des real existierenden Kosmos ist programmiert. In all diesem kosmischen Werden und Vergehen bleibt die Frage nach der Ursache und dem Sinn der riesigen Inszenierung von Zeiträumen mit Milliarden Jahren und unvorstellbaren räumlichen Entfernungen zwischen den unzählbaren Sternen, Sonnen und Trabanten, die durch das Weltall rasen, hartnäckig bestehen. Der Wissensdurst wird nicht gestillt. Man kann die Ursprungsfrage ausklammern, aber deswegen nicht zum Schweigen bringen. Sie meldet sich aufdringlich wieder. Der Mensch ist ja selber ein Mikrokosmos. **Thomas von Aquin** qualifizierte schon im 13. Jahrhundert den Menschen als *quodammodo omnia*, das heisst, der Mensch ist irgendwie alles, besitzt alles und trägt alles im Kleinformat in sich. Und er befindet sich in einem atemlosen und ruhelosen geistigen Bewegungsdrang.

Der biblische Schöpfungsbericht ist ein Protokoll des *Staunens*, nicht des Messbaren. Staunen ist bereits eine metaphysische Tätigkeit. Da werden die naturwissenschaftlichen Grenzen überschritten. Unser Leben beinhaltet sowieso immer mehr, als was naturwissenschaftlich eruierbar ist. Liebe und Hass, Glück und Trauer, die Erkenntnis von Gut und Böse, die Stimme des Gewissens, der moralische Anspruch und das Bewusstsein von Verantwortung können nicht im Reagenzglas untersucht werden. Sie gewähren keinen physikalischen Nachweis. Auch wenn alle unsere Empfindungen und Regungen, Gefühle und Sehnsüchte mit psychologischen Abläufen und chemischen Prozessen zu tun haben, lösen sie damit die Rätsel des Lebens nicht. Heutzutage hat sich für unser Wohlbefinden im Rahmen von Sympathie die Ausdrucksweise eingebürgert: *Die Chemie stimmt.* Wir nehmen einen Begriff aus dem Labor und übertragen ihn augenblicklich auf einen Bereich, der sich dem naturwissenschaftlichen Experiment entzieht. Der Mensch nimmt mehr wahr, als er messen kann. Die Wirklichkeit ist immer grösser als die naturwissenschaftlichen Rückmeldungen. Der Mensch erfährt sich als ein Wesen, das bei sich ist, das *Ich* sagen kann. Er erlebt sich als Geist, der zugleich Materie ist und doch auch mehr als Materie, weil er über sich selber und die ihn umgebende Wirklichkeit nachdenken kann.

Hinter den Urknall kann die Naturwissenschaft, kann die Physik wohl nicht zurückkehren. Da stellt sich die Frage: Was ist, was war vor dem Urknall? So formuliert, ist die Frage falsch gestellt. Ein Vor gibt es nicht, weil wir mit der Frage, was dem Urknall vorausging, die Dimension von Raum und Zeit verlassen. **Einstein** dazu:

> «Früher hat man geglaubt, wenn alle Dinge aus der Welt verschwinden, so bleiben noch Raum und Zeit übrig. Nach der Relativitätstheorie verschwinden aber Zeit und Raum mit den Dingen.»

Die Frage nach dem Warum lässt uns trotzdem nicht los. Da kann es kein Schild geben: *Denken verboten* oder: *Denken unerwünscht* oder gar: *Weiterdenken absurd und sinnlos*. Denken, nachdenken, forschen, grübeln ist nie unsinnig, sondern gehört zum Wesen des Menschen. Die ultimative, die letzte Frage ist und bleibt: *Warum gibt es überhaupt etwas und warum nicht nichts?* Darauf wird es nie eine naturwissenschaftliche Antwort und Erklärung geben, kann es nicht geben. Die Naturwissenschaft legt dar, wie es sich entwickelt hat und weiter sich fortbewegt, wie es funktioniert und zu Ende kommt. Aber letztlich: *Warum* und *wozu* das Ganze, das jede Vorstellungskraft sprengende Riesenunternehmen, mit wie vielen Universen auch immer: Darauf bleibt jede physikalische und biologische

Rückmeldung aus. Damit bewegen wir uns im Horizont der Metaphysik. Eigentlich ist diese Frage auch so etwas wie ein Hinweis auf Gott, weil sie die gesamte Wirklichkeit buchstäblich «in Frage» stellt und damit vom Endlichen ins Unendliche hinausweist. Der Mensch ist fähig, über jedes Erfahrbare und alle Forschungsmöglichkeiten hinaus nachzudenken. Man kann alles auf sich beruhen lassen, und viele tun es oder vielleicht die meisten. Nur ist das eben auch keine Antwort. Wo man um eine Antwort ringt, kommt man an der Gottesfrage nicht vorbei, drängt sich die Existenz eines Schöpfergottes auf. Nur, wer zieht diese Folgerung? Sicher ist, wie schon gesagt, dass niemand die Nicht-Existenz Gottes beweisen kann. Das wird auch in Zukunft so bleiben. Bemühen wir nun Gott, entgegen früherer Aussage, zu guter Letzt doch als Lückenbüsser? Nein, es geht hier

nicht um eine auszufüllende Lücke, die noch nicht geschlossen ist, um kein Loch, das noch gestopft werden müsste. Es geht nicht um etwas Partielles, sondern schlicht um alles. In Wissenschaftskreisen schweigt man sich über dieses Thema im Allgemeinen beharrlich aus. Das ist nicht mehr unser Geschäft, heisst es etwa. Man gibt sich agnostisch. Es gibt auch Ausnahmen. Müsste dieses Weiterfragen, dieses Nachdenken nicht reizen? Es gehört zum Eros menschlichen Selbstverständnisses, ins Unfassbare, Undurchdringliche hinauszusurfen, sich nie mit Schranken zufrieden zu geben. Es gibt für den menschlichen Verstand auch schlicht keine Grenzen. Der menschliche Geist ist offen ins Unendliche. Er ist von Natur aus neugierig. Warum also diese extreme Zurückhaltung bei dieser Urfrage, wo es letztlich um die Wurzel von allem geht? Berührt die philosophische

Kernfrage zugleich die menschliche Intimität? Existiert so etwas wie geistige Scham? Wird durch die Frage nach dem Letzten auch so etwas wie eine innere Barriere aufgerichtet, die es erschwert, darüber ohne Hemmung und mit lockerer Gesprächsbereitschaft zu reden? Ist es vielleicht die sich einstellende Einsamkeit, die bei diesem Thema jeden Menschen ergreift und zugleich Herz und Zunge bremst?

Oder bereitet der Gedanke an ein absolutes Geistwesen mit personalem Charakter auch deswegen Unbehagen, weil er – wie bereits erwähnt – die Denkenden und Forschenden an ihre eigene religiöse Unterweisung und Erziehung oder an die vom Hörensagen anderer erinnert, mit dem beengenden und fordernden Super-Vater? So gerät der personale Gott in den Sog einer schiefen Vorstellung und fördert infantiles religiöses Verhalten. Er wird zur Karikatur. Womit wir wieder flugs beim altbekannten, oben besprochenen Theodizeeproblem landen, mit dem untauglichen Bild von Gottes Allmacht, der das Unheil nicht verhindert, was er angeblich könnte, der eifersüchtig auf einen freien, souveränen und autonomen Menschen ist und der die ungestillte Wissensgier seiner Geschöpfe misstrauisch beäugt.

Nochmals soll Einstein das Wort haben: «Wissenschaft ohne Religion ist lahm. Religion ohne Wissenschaft ist blind.» Immer geistert im Wettstreit zwischen biblischer Tradition und wissenschaftlicher Moderne das Bild des behaglichen Schöpfergottes in den Köpfen herum, das begreifliches Unbehagen bereitet. Dieses Zerrbild gehört auf den Müll. Dafür lässt man sich am besten von der Bibel selbst inspirieren. Konkret: Gott tut sich dem unsteten, nach einem Totschlag flüchtigen *Moses*, in der kargen und aggressiven *Wüste*, in der Dynamik und Unnahbarkeit des *Feuers* kund. Moses ist allein und schutzlos. Er kommt näher, um die Erscheinung in ein Bild zu bannen, wenn er das Phänomen schon nicht berühren kann und darf. Auch das will Gott nicht. Komm mir nicht zu nahe, lautet der Befehl. Gott befiehlt Moses sogar, die Schuhe auszuziehen. Gott lässt sich nicht bannen, aber der Mensch darf auch nicht gebannt stehenbleiben. Gott verweigert ihm festen Boden unter den Füssen. Er darf sich mit dem Erlebten nicht niederlassen, darf sich nicht einrichten im Sinn von: Jetzt hab ich es. Gott redet also mit Moses und entzieht sich ihm gleichzeitig. Er lässt sich nicht festmachen. Er definiert sich als der Undefinierbare. Moses bleibt seinerseits auch hartnäckig. Irritiert von der zwiespältigen Begegnung, die er nicht einordnen kann, lässt er sich auch nicht einfach herumkommandieren und bohrt nach dem Namen dieser geheimnisvollen Erscheinung, die ihm zusätzlich einen Auftrag erteilen will. Dann fallen die später Religionsgeschichte schreibenden überwältigenden Worte des übergewaltigen Unbekannten: «Ich bin der Ich-bin-da» (Ex 3,14 f.). Gott ist. Er ist präsent. Er ist aktiv. Er hat etwas vor. Unabhängig von der theologischen Bedeutung dieses Ausspruchs, von dem Juden und Christen sich angesprochen fühlen, ist dieses biblische spirituelle *Rendez-vous* ein unüberbietbares literarisches Zeugnis in der Menschheitsgeschichte.

Auf die Seinsfrage folgt die Sinnfrage. Mit dem *Sein* bewegen wir uns in der Gottesfrage, verkürzt formuliert, beim Anfang, mit dem *Sinn* sinnieren wir über die Zukunft. Das Sein geben wir uns nicht selbst, den Sinn schaffen wir. Der

Sinn ist unsere Lebensaufgabe. Sinnlos tun wir nichts, auch wenn gegebenenfalls das Tun sinnlos erscheinen mag. Selbst wenn in Unterhaltungen Non-Sense-Einlagen zum Besten gegeben werden, liegt auch in solchen Produktionen der Sinn darin, mit dem Unsinn für Entspannung und Heiterkeit zu sorgen. Solche Spasseinlagen erlauben uns zu entspannen, weil wir durch die permanente Sinnfrage auch ständig gefordert sind. Das ist anstrengend. Es geht mit dem Sinn wie mit dem Atmen. Wir atmen meist selbstverständlich. Wenn wir ausser Atem oder gar in Atemnot geraten, wird uns das Atmen bewusst. Ähnlich verhält es sich mit dem Sinn. Erst wenn wir um einen Sinn ringen müssen, vergewissern wir uns dieser fundamentalen Lebensenergie. Wer seinem Leben ein Ende setzt, weil es sinnlos erscheint, setzt aber genau mit diesem tragischen Schritt einen für ihn finalen Sinn. Es ist auch so, dass der beobachtende Mensch oft zum Schluss kommt, dass der Weltenlauf, alles um ihn herum und sich selbst eingeschlossen, den Sinn verloren habe oder überhaupt keinen Sinn ergebe, ja geradezu widersinnig erscheine. Dieses philosophische und wohl in erster Linie psychologische Urteil enthält aber doch einen Sinn, weil es sonst gar nicht abgegeben würde. In diesem Sinn zeigt sich, dass die Suche nach Sinngabe letztlich unausrottbar ist. Im Sinn liegt Unsterblichkeit und eine Spur von Ewigkeit.

Die Hoffnung stirbt zuletzt, sagt man aus lebensnaher Beobachtung. Die Hoffnung ist der Glaube an den Sinn. Wir finden davon nur Zeichen. Die gilt es aufzunehmen. Am Anfang jeglicher Erkenntnis steht die *sinnliche* Erfahrung. Schon die erste Lebenserfahrung weist uns also auf die Sinnhaftigkeit. Der Begriff Sinnlichkeit wird im erotischen

Sinn verwendet. Er verspricht Erfüllung, weist auch auf radikale Vergänglichkeit hin. Aber er enthält ebenso Ewigkeitsverlangen. «Alle Lust will Ewigkeit, will tiefe, tiefe Ewigkeit.» Dieses Nietzsche-Zitat ist auf der Halbinsel Chastè bei Sils-Maria im Oberengadin, wo Nietzsche sich oft aufhielt, an einer Gedenktafel zu lesen. Die aufwühlenden Verse passen zum Reizklima dieser hochalpinen Landschaft.

Es gibt alltägliche Zeugnisse von Sinngebung. Die flattern nur so ins Haus. Das sind die *Todesanzeigen*. In ihnen sind naturgemäss sehr verschiedene Inhalte und Schattierungen anzutreffen. Sie sind auf den hinteren Seiten der Zeitungen platziert, die oft zuerst aufgeblättert werden. Da wird vielfach Glauben und Zuversicht auf ein Leben über den Tod hinaus artikuliert. Verbreitet ist auch der tröstliche Hinweis auf das Weiterleben im Andenken. Dahinter steckt die Lebensweisheit, dass die positive Erinnerung das einzige Paradies sei, aus dem man nicht vertrieben werden könne. Sicher versucht jede Todesmitteilung, dem vergangenen und abgeschlossenen Leben einen definitiven Sinn zu verleihen und einen unauslöschlichen Wert als Vermächtnis zu hinterlassen – bei allen Ungereimtheiten in der Biografie, die man für sich behält. Todesanzeigen sind stets in wohlwollendem Ton gehalten. Das ist gut so und heilsam. Die Würdigungen bei Abdankungen und die Nachrufe in der Presse dienen dem gleichen Anliegen. Die Todesanzeigen sind auch die Mitteilungen, die gemäss Erhebungen von allen Zeitungslesern zur Kenntnis genommen werden. Der Besuch von Friedhöfen hat laut Expertenberichten ebenfalls eine spezielle Anziehungskraft, auch wenn daselbst nicht nach Bekannten Ausschau gehalten wird. Die eingeschnitzten oder eingravierten Lebensdaten, die Dauer der Lebensspanne werden irgendwie verinnerlicht, in einer eigenartigen Form auf die Beobachtenden übertragen. Sie regen an zu Vergleichen oder Wünschen, Bestätigungen, Befürchtungen und Erwartungen. Und der Grab-Stein verspricht, wie der Name sagt, Ewigkeitswert. Der Friedhof ist ein Ort gelebter Trauer, still oder öffentlich, und ein Forum von unausgesprochenen Ängsten, Zweifeln, Fragen, Gesprächen über die Gräber hinaus. Hier wird Ausschau gehalten nach Bewältigung von Schuld, nach Vergebung und Verlangen nach einem Wiedersehen. Erst wenn das Friedhoftor wieder geschlossen wird, geht das Leben weiter, wie man so sagt. Und das alles macht nur Sinn, wenn man einen Ewigkeitswert offenhält oder mindestens nicht ausschliesst. Zynismus hält man nur aus und geilt sich daran auf, wenn man andere damit überschütten und daraus noch Geld machen kann. Auch Nihilisten verstummen meist, wenn die Todesnachricht sie selber betrifft. Mit dem Tod ist eben nicht alles aus.

Der bekannte lateinische Spruch *De mortuis nihil nisi bene* besagt nicht, über die Toten dürfe man nur Gutes sagen. Das stimmt nicht, obwohl es oft so verstanden und auch so gehandhabt wird. So werden nicht selten Nekrologe zu *Nekrolügen*, wie gespottet und entsprechend kommentiert wird. Im Lateinischen heisst es *bene*, nicht *bona*. Es ist adverbial gemeint. Mit anderen Worten: Man muss nicht nur Gutes erzählen, aber es soll im gütigen, verständnisvollen und einfühlsamen Bemühen geschehen. Eine aufbauende Sinngebung ist erwünscht. Wer bei einer Beerdigung von der Kirche her den amtlichen Auftrag hat, einem verstorbenen

Menschen gerecht zu werden, macht die Erfahrung, dass die Angehörigen dankbar sind, wenn Negatives nicht einfach verschwiegen oder beschwichtigt wird, vor allem wenn es öffentlich ist. Wichtig ist, dass es versöhnlich aufgenommen und in einer positiven Sinnbereinigung aufgehoben wird. Man möchte ehrlich, nicht verlogen, gerecht, aber gütig Abschied nehmen.

Der individuelle Tod des Menschen bedeutet für diesen den Weltuntergang, wie es **Friedrich Dürrenmatt (1921–1990)** formuliert hat. Das ist die eine, für alle beobachtbare und nachvollziehbare Seite. Dazu gehört das Todesbewusstsein, das uns nach Beginn der Adoleszenz nicht mehr verlässt. Es gibt auch die Todessehnsucht. Der Sinn des Todes bleibt verborgen. Hierzu der altgriechische **Philosoph Sokrates (470–399 v. Chr.)**: «Niemand weiss, was der Tod ist, und ob er nicht das grösste aller guten Dinge sei».

Vom zeitgenössischen Komponisten Peter Streiff stammt eine anschauliche und tröstliche Todesmeditation, bisweilen in Traueranzeigen zu lesen:

> «Denk Dir ein Bild. Weites Meer. Ein Segelschiff setzt seine weissen Segel und gleitet hinaus in die offene See. Du siehst, wie es kleiner und kleiner wird. Wo Wasser und Himmel sich treffen, verschwindet es. Da sagt jemand: Nun ist es gegangen. Ein anderer sagt: Es kommt.»

Vor dem *Tod* kommt das *Sterben*, Letzteres ist das grosse Thema unserer Tage. Die meisten Menschen, ob religiös oder nicht, haben Angst vor dem Sterben, nicht vor dem Tod. Es heisst zwar wiederkehrend immer, die heutige Gesellschaft verdränge Sterben und Tod. Fakt ist aber, dass in der Gegenwart sehr viel darüber in Publikationen und auf Tagungen diskutiert wird. Einerseits überschwemmen uns in rascher Folge Nachrichten über Krieg, Terrorismus und extreme Notsituationen, ohne dass deswegen grundsätzlich über den Tod nachgedacht würde. Was uns in unseren friedlichen Zonen existenziell beschäftigt, ist das alltägliche Sterben. Da taucht die Sinnfrage mächtig auf, bevor uns Todesanzeigen erreichen. Vor allem wird ohne grosse Theorie in einem Ausmass wie noch nie in Heimen, in der Palliativmedizin und nicht zuletzt mit privater Sorge beigetragen, dass die Menschen auch in Extremsituationen ihre Würde nicht verlieren. Die pflegenden und betreuenden Menschen übernehmen stellvertretend die unantastbare Würde der Patienten. Auf diese Weise wird explizit dem hilflosen Menschen *Ewigkeitssinn* beigemessen.

In den letzten 200 Jahren ist bei aller Ungeheuerlichkeit vergangener Ereignisse dieses Zeitraums im europäischen Raum noch nie so viel für Vermehrung des Lebenssinns getan und erreicht worden. Die soziale Frage und ihre Lösungen ermöglichten verbreitete menschenwürdige, sinnvolle Arbeit und hoben die Lebensqualität. Der technische Fortschritt entlastete menschliche Kräfte und gab kreativen Fähigkeiten Raum, brachte viele Anlagen zur Entfaltung, half zu ungeahnten Erlebnissen von Glück und Zufriedenheit. Aber aller Fortschritt verlangt nach mehr. Eine unersättliche und unausrottbare *Sehnsucht* ist dem Menschen eingepflanzt. Die *Suche nach Lebenssinn* bleibt nie ausgeschöpft. Keine Sinnbefriedigung genügt für immer. Es gibt auch keine Liebeserfahrung, die keine Nischen von unerfülltem Verlangen offen liesse. Worin könnte die letzte Sinnerfüllung bestehen? Wie könnte das erreicht werden, was wir *wunschlos glücklich* nennen? Goethe lieferte im «Faust» dazu die Zauberformel: «Werd' ich zum Augenblicke sagen: Verweile doch! Du bist so schön!» Das Glück des Augenblicks uneingeschränkt, ohne Angst vor Verlust und ohne weitere Wünsche zu geniessen, das wäre es! Und diesem Augenblick Ewigkeit zu verleihen, ist die Endsehnsucht des Menschen. Da ist aber unausweichlich die Gottesfrage im Hintergrund gegenwärtig. Gott als absoluter *Sinnstifter*, wenn man nicht dem unerfüllten Verlangen den letzten Sinn nehmen und sich damit zufrieden geben will. Das ist keine billige Ausflucht oder Betäubung der unersättlichen Sinne. Gewiss, es bleibt ein Entscheid, ein Glaubensentscheid für oder gegen den Sinn. Aber auch die Vernunft verlangt nach Gott. Oder etwas bescheidener und zurückhaltender formuliert: Niemand kann ernsthaft jemand die Vernünftigkeit absprechen, wenn er einen absoluten schöpferischen und sinnstiftenden Geist postuliert. Warum? Allein schon deswegen, weil Sinnhaftigkeit besser ist als Unsinn. Damit lässt sich sinnvoller leben. Ein vernünftiger Entscheid also. Das ist, um mit Kant einzustimmen, ein Postulat der *Praktischen Vernunft*. Ansonst taucht unweigerlich das Gespenst der Sinnlosigkeit am Horizont auf und die schleichende Verzweiflung. Und die können und dürfen ja wohl nicht das letzte Wort haben.

Lassen wir zum Abschluss die Geschichte sprechen, vom Sinn der Geschichte: Lässt sich da ein Sinn ausmachen? Besorgt das die Geschichtsschreibung? Oder einfach das Empfinden der Beobachter? Der deutsche Altmeister der modernen Historikerzunft **Leopold von Ranke** (1795–1886) verlangte von den Historikern darzustellen, «wie es eigentlich gewesen ist». Also ohne Vorurteil, ideologische Parteinahme oder Indienstnahme durch eine bestimmte Herrschaft oder für einen kultischen Zweck. Die Historiografie bediente sich der Schemen von Ursache und Wirkung und versuchte auch immer wieder einen Sinn herauszudestillieren. Doch die Ereignisse tun den Gefallen nicht, so abzulaufen, dass sich zwingend von einem Faktum auf einen einsichtigen Grund dafür schliessen liesse. Da es die Geschichtsschreibung mit dem Menschen zu tun hat, der einmal berechenbar, ein andermal unberechenbar ist, entziehen sich seine Taten genauer Berechenbarkeit. Vieles im Geschehen ist zudem chaotisch und lebt anscheinend vom Zufall. Die Welt – ein «Durcheinandertal», um einen späten Titel ohne den Inhalt von Friedrich Dürrenmatt aufzunehmen. Es geschieht häufig durchaus Schlag auf Schlag, dass die folgende Kettereaktion abgeleitet werden kann. Dass **Adolf Hitler** (1889–1945) politisch und physisch in verschiedenen Phasen überlebte, hing von irrwitzigen Zufällen ab. Hätte der klare und kühl strategische Kopf des **Claus von Stauffenberg** (1907–1944) am 20. Juli 1944 zur heissen Mittagszeit in der Wolfsschanze, wegen unbequemer zeitlicher Vorverschiebung in Nervosität geraten, zur entsicherten Granate die wegen Zeitnot gesichert gebliebene auch noch in die Mappe verstaut, statt diese beiseitezulegen, hätte die Explosion in der Baracke sicher auch Hitler den Rest gegeben. Dann wären Kriegsende und Nachkriegszeit mit Sicherheit anders verlaufen. Soviel darf behauptet werden. (Zudem wurde die zielgerecht deponierte Sprengladung aus einem unbedeutenden Grund, wie es sich beim geschäftigen Treiben am Schreibtisch bei einer Lagebesprechung ergibt, ein wenig beiseite geschoben, aber weit genug, dass das anvisierte Zielsubjekt davon kam.) Man könnte noch andere Attentatsvorbereitungen auf Hitler nennen, wo es an einem dünnen Faden hing, dass der Anschlag scheiterte. Wäre US-Präsident **Bill Clinton** wegen der Affäre mit einer Praktikantin und deren unprofessionellen Aufarbeitung, die ihn beinahe das Amt kostete, nicht politisch angeschlagen und für die Unterstützung seines Nachfolgers faktisch ausser Gefecht gewesen, hätte mit an Sicherheit grenzender Wahrscheinlichkeit sein Vizepräsident das Rennen um die Präsidentschaft gemacht und nicht der hauchdünn gewählte **George W. Bush**. Dann, so darf man begründet weiter spekulieren, hätte es selbst nach dem schrecklichen Terroranschlag auf die Zwillingstürme in New York vom 11. September 2001 (*nine-eleven*) nicht diesen verhängnisvollen Irakkrieg, damit auch nicht die politische Zerstörung des Irak und unter anderem den Aufstieg des «Islamischen Staates» (IS) in dieser Form gegeben.

Man muss aber nicht nur auf Schlüsselfiguren in der Geschichte zurückgreifen. Jeder Mensch macht Erfahrungen, wie viel in seinem Leben, positiv oder negativ, von chaotischen Zuständen oder vom Zufall abhängt. Der Schweizer **Dichter Meinrad Inglin** (1893–1971) ging aus eigenem biografischem Erleben mit Vorliebe dem Abgründigen und geheimnisvollen Zufällen im menschlichen Leben nach. In der Novelle «Die Lawine» gestaltet er künstlerisch einen Vorgang aus dem schweizerischen Militärdienst. Ein Soldat verlässt höchst befehlswidrig seinen sturmgepeitschten und verschneiten Wachtposten, um seine Freundin zu besuchen. Während dieses Schäferstündchens geht eine Lawine nieder und reisst das Wachthäuschen mit. Der Fehltritt rettet das Leben. Da taucht – unabhängig von Inglin – die «felix culpa» auf, die glückliche Schuld, wie sie in der katholischen Osternachtliturgie besungen wird.

Die Geburt des grössten deutschen **Dichters Johann Wolfgang von Goethe** am 28. August 1749 war lebensgefährlich. Infolge einer Unaufmerksamkeit der Hebamme war der Neugeborene fast von der Nabelschnur stranguliert worden. Man hielt das bereits blau angelaufene Kind für tot. Aber mit Schütteln und Schlagen brachte man es zum Atmen. Von seinen fünf jüngeren Geschwistern erreichte nur Cornelia das Erwachsenenalter. Also mit Glück hat der von seiner Mutter mit dem Kosenamen Hätschelhans verwöhnte Liebling überlebt. Solche Beispiele mit positivem oder negativem Resultat liessen sich beliebig vermehren.

Gilt es aber einen Bogen über die Geschichte zu schlagen, wird es schwieriger oder gar unmöglich, im Geschehen eine Tendenz oder Richtung auszumachen. Vorsicht ist auf alle Fälle geboten. Bestimmt lassen sich gewisse Merkmale aufzeigen, die beispielsweise den Imperialismus oder Nationalismus des 19. Jahrhunderts in Europa kennzeichnen. Die *europäische Einigung* und *Friedensordnung* im gesellschaftlichen, wirtschaftlichen und politischen Bereich nach 1945 ist ohne den Horror des Zweiten Weltkriegs nicht denkbar. Da hat man aus der Geschichte zweifellos gelernt. (Es wird zwar dauernd gebetsmühlenartig wiederholt, dass man aus der Geschichte nie lerne, ohne für diese Behauptung einen Beweis zu liefern.) Man kann auch hinzufügen, dass der Zweite Weltkrieg ohne den Ersten nur schwer denkbar war, was aber wiederum nicht heisst, dass der Zweite Weltkrieg eine notwendige Folge aus dem Ersten war. Es hat auch andere Optionen gegeben. Und die wurden nicht bloss ins Auge gefasst, sondern auf gute Strecken befördert, bis ein in dieser Art nicht vorhersehbarer wirtschaftlicher und finanzieller Kollaps, aufgeladen mit einer dämonischen Geistvergiftung, den hoffnungsvoll eingeschlagenen Weg nicht bloss abblockte, sondern brutal abstürzen liess und in den Abgrund steuerte. Die Geschichtsschreibung versucht, im Nachhinein Sinn und System sowie ein Nacheinander von Ursache und Wirkung in das Geschehen hineinzustiften. Zurückhaltung ist angesagt, vor allem wenn es um die eigene Sache geht. Wenn etwa Schweizer Stimmen sich auf die Vorsehung Gottes berufen, dass ihr Land von beiden Weltkriegen unbehelligt geblieben sei, ist Vorsicht geboten. Natürlich ist nichts dagegen einzuwenden, Gott für das unverdiente Glück zu danken. Aber man muss sich vor jeder nationalen Selbstgefälligkeit hüten. Die Schweizer waren ja nicht besser als andere Völker. Und wenn nun Gott ausgerechnet die Schweiz verschont hätte, wäre dies für das Gottesbild verheerend. Was machen die anderen Völker und Nationen damit, die anscheinend nicht auserwählt waren? Jesus selbst lehrt uns ausdrücklich, dass es nicht angeht, Glück, Gesundheit und Wohlergehen mit Wohlverhalten in Verbindung zu bringen. Konkret: Der Umstand, dass jemand blind geboren wurde, darf nicht als Sühne für eine Schuld angesehen werden (Joh 9,1–3). Ungehalten verbietet Jesus, die Opfer eines Massakers, von Pilatus an Galiläern verübt, oder die achtzehn vom einstürzenden Turm beim Schiloach-Teich erschlagenen Menschen zu mehr Schuldigen als die andern zu stempeln. In einem spontanen Anflug von Zorn nimmt Jesus die beiden Vorfälle zum Anlass zu einer heftigen und schockierenden Drohrede, die allen gilt (Lk 13,1–5). Und Jesus unterstreicht an anderer Stelle: Gott «lässt seine Sonne aufgehen über Bösen und Guten, und er lässt regnen über Gerechte und Ungerechte» (Mt 5,45). In der christlichen, vor allem katholisch geprägten Theologie erfreute sich in der Zeit vor dem Zweiten Vatikanischen Konzil und darüber hinaus der Begriff *Heilsgeschichte* grosser Beliebtheit. Das dynamische Gottesbild, das das statische ablöste oder mindestens ergänzte, stand dabei Pate. In der Zwischenzeit ist der Begriff zum Teil harscher Kritik ausgesetzt worden. Es bedarf grosser Differenzierung, von *Heil* in der Geschichte angesichts einer riesengrossen Unheilsgeschichte zu reden. Dass sich die Menschheit trotz Stolpersteinen durch Evolution und Sozialisierung zum Punkt Omega (dem letzten Buchstaben des griechischen Alphabets), will heissen: zur endzeitlichen Vollendung, kontinuierlich und letztlich definitiv positiv entwickeln würde, wie das **Teilhard de Chardin (1881–1955)**, Jesuit und Geologe, ausführte, ist als sympathische Utopie verflogen. Dieser Forscher war mit zahlreichen Expeditionen in Asien und Afrika unterwegs und löste mit seiner Vision im optimistisch aufbrechenden Katholizismus in den Jahren vor dem Konzil zum Teil helle Begeisterung aus.

Ausgerechnet die säkularisierten Heilspropheten des *Marxismus-Leninismus* beschworen von ihrer Ideologie her eine Heilsgeschichte. Sie glaubten an eherne historische Gesetze, die im Prozess der Menschheitsgeschichte unverrückbare Geltung hätten. Dagegen sich aufbäumen bringe lediglich Verzögerung und Leid. Aber man könne und müsse den Ablauf beschleunigen. An der wissenschaftlichen Nachprüfbarkeit dieser These gebe es nichts zu rütteln. Der Sieg des Sozialismus über den Kapitalismus sei unvermeidlich, und am Ende der Geschichte werde der reine Kommunismus alle Völker der Erde ins Paradies führen. Plakativ an Paraden und Parteitagen hiess das: *Den Sozialismus in seinem Lauf halten weder Ochs noch Esel auf.*

Theologie und Philosophie sind da wesentlich nücherner und realistischer geworden. Das ist auch gut so. Denn die «linken» und vermehrt wieder «rechten» Heilsbringer wollten und wollen bis heute der von ihnen anvisierten Beglückung der Menschheit mit nackter Gewalt nachhelfen. Kreuzzüge, dieser militante christliche Zionismus, verbunden mit Kriegsverbrechen, ferner weitere Anstiftungen zu und Beteiligungen an Religionskriegen sowie Inquisitionstribunale mit Erpressung, Folter und Tod, das alles gab es in der Kirchengeschichte bekanntlich. Das Blutvergiessen ist Gott sei Dank Vergangenheit. Nicht verschwunden ist die verbale Einschüchterung mit plumpen oder raffinierten Methoden psychischer Gewalt und seelischer Tortur. Und dies ist eine «himmelschreiende Sünde» und eine solche «wider den Heiligen Geist» – und erst noch höchst sinnwidrig.

Ausstieg

Was bleibt für unsere Betrachtung übrig? Im Chor von **Friedrich Schillers** (**1795–1805**) «Ode an die Freude» in Beethovens Neunter steht der Vers: «Brüder, überm Sternenzelt muss ein lieber Vater wohnen.» Im Konzertraum ergreifen diese Töne und Worte heute noch das Publikum. Dessen braucht sich niemand zu schämen. Und dieser Satz ist auch nicht falsch. Da bäumt sich etwas auf und schafft sich unbändig Durchbruch. Es bricht im Verstand und im Herzen der Menschen immer wieder der Aufstand eines unzerstörbaren *Urvertrauens* aus der Tiefe auf. Dieses ermutigt zum Durchhalten und lässt die Hoffnung nicht zugrunde gehen. Da kommt ein rebellischer Einspruch hinzu, ein leidenschaftliches Plädoyer, das Selbstvertrauen und Zuversicht gibt. Das hört sich so an: Das hätte noch gefehlt, wenn alle die Menschenschlächter und Völkermörder, die Despoten und Schurken auf der Bühne des Welttheaters, nachdem der Vorhang gefallen ist, einfach ungeschoren davonkämen, weil es ja nachher sowieso nichts mehr gäbe und dementsprechend nicht abgerechnet würde. Die Geschundenen und Ausgebeuteten, die Verfolgten und Ermordeten hätten einfach nichts davon und blieben unterm Rad oder auf der Strecke liegen.

Dagegen sträubt sich unser Gerechtigkeitsgefühl. Das kann und darf doch nicht der letzte Akt sein. Das darf nicht der finale Absturz sein. Dann wäre am Ende ja wirklich alles Unsinn. Ein Riesenaufwand für letztlich nichts. Ein nicht bloss tragikomisches kosmisches, sondern zynisches Affentheater, wovon einzig Spott und Häme übrig blieben. Dann hätten alle Verbrecher gegen die Menschlichkeit zu schlechter Letzt doch noch gewonnen. Die Guten und die Gerechten und alle, die sich der kranken und schwachen Mitmenschen annehmen und sich für eine bessere Welt einsetzen, wären die niederträchtig, gemein und abscheulich Betrogenen. – Nein, so nicht. So geht das einfach nicht, kann es und darf es nicht gehen. Es muss einen gerechten Richter über die Ungerechtigkeit geben. Das ist nochmals ein Postulat der «Praktischen Vernunft». Bei Gedenkfeiern von Katastrophen und Verbrechen werden die Stimmen nie zum Schweigen gebracht, die nicht nur zaghaft den Wunsch äussern, sondern in gesunder trotziger Überzeugung es aussprechen, ja geradezu fordern, dass die Liebe grösser ist als der Hass, das Leben stärker als der Tod. Diese Sicht der Dinge bleibt letztlich alternativlos. Für mich gilt: Es ist trotz allem und wider allen randvollen Unsinn sinnvoll und vernünftig, an Gott zu glauben, das heisst, von Gott auszugehen und auf ihn zuzugehen.

Dank

Ich danke dem Theologischen Verlag Zürich für die Aufnahme dieses Buches in sein Programm. Speziell danke ich Markus Zimmer vom NZN bei TVZ für das sorgfältige und kompetente Lektorat und die sehr angenehme Zusammenarbeit. Ein besonderer Dank geht an die Katholische Kirche im Kanton Zürich für den grosszügigen Zuschuss.

Obwohl es nicht besonders umfangreich ausfällt, ist ein solches Opus das Ergebnis einer breit gestreuten Lektüre über Jahrzehnte. Vieles, was in diesem kleinen Buch verarbeitet wurde, geht auch auf unzählige Anregungen, kritischen Einwürfe und Impulse von Personen aus der Theologie, der Philosophie, der Geschichtswissenschaft und der Naturwissenschaft zurück. Und nicht zuletzt waren mir die vielen Begegnungen mit Menschen mit ihren direkten Herausforderungen, ihren Fragen, Zweifeln und eindrücklichen, oft sehr pointierten persönlichen Stellungnahmen eine unverzichtbare mündliche Quelle. Sie alle seien in diesen Dank eingeschlossen.

Sarnen, im Januar 2017   Albert Gasser